SUICÍDIO

Blucher

SUICÍDIO

*Fatores inconscientes e aspectos
socioculturais: uma introdução*

R. M. S. Cassorla

Suicídio: fatores inconscientes e aspectos socioculturais: uma introdução
© 2017 R. M. S. Cassorla
4ª reimpressão – 2021
Editora Edgard Blücher Ltda.

Imagem de capa: Paul Setúbal e Dora Smék

Blucher

Rua Pedroso Alvarenga, 1245, 4º andar
04531-934 – São Paulo – SP – Brasil
Tel.: 55 11 3078-5366
contato@blucher.com.br
www.blucher.com.br

Segundo o Novo Acordo Ortográfico,
conforme 5. ed. do *Vocabulário
Ortográfico da Língua Portuguesa*,
Academia Brasileira de Letras,
março de 2009.

É proibida a reprodução total ou parcial
por quaisquer meios sem autorização
escrita da editora.

Todos os direitos reservados pela Editora
Edgard Blücher Ltda.

Dados Internacionais de Catalogação
na Publicação (CIP)
Angélica Ilacqua CRB-8/7057

Cassorla, Roosevelt Moises Smeke
 Suicídio : fatores inconscientes e aspectos
socioculturais : uma introdução / Roosevelt
Moises Smeke Cassorla. – São Paulo : Blucher,
2017.
 112 p.

 ISBN 978-85-212-1250-8

 1. Suicídio 2. Suicídio – Aspectos
psicológicos 3. Comportamento
autodestrutivo 4. Suicídio – Prevenção
I. Título.

17-1419 CDD 616.89

Índice para catálogo sistemático:
1. Suicídio – Aspectos psicológicos

Conteúdo

Apresentação	7
Introdução	9
Tipos de suicídio	11
Sociedades suicidas	17
O que é a morte para o suicida	23
Agressão e punição no comportamento suicida	31
Outros reflexos do ato suicida	37
Fantasias sobre o suicídio	41
Psicose, luto e depressão	51
O homicídio precipitado pela vítima	65
Reações de aniversário	69
Sexualidade, velhice e fantasias suicidas	75

6 CONTEÚDO

Suicídios por fracasso	81
Epidemiologia e intencionalidade dos atos suicidas	85
Fatores sociodemográficos nos atos suicidas	95
Prevenção, família e direito de morrer	103
Indicações de leitura	107
Sobre o autor	111

Apresentação

Em 1984, publiquei o livro *O que é suicídio* (Editora Brasiliense). Sua intenção era abordar, em linguagem simples, um tema desagradável e difícil, que nos coloca diante das limitações humanas, da desesperança e da morte. A receptividade me surpreendeu. Até a última reimpressão haviam sido disponibilizados em torno de 20 mil exemplares. Recebi muitos pedidos de esclarecimentos e de ajuda. Tive a satisfação de me sentir útil, ajudando pessoas que haviam pensado em se matar ou tentado fazê-lo, além daquelas que vivenciaram o suicídio de pessoas próximas. Fui contatado por instituições e grupos de ajuda que lidam com o sofrimento humano e pude conhecer de perto pessoas disponíveis e generosas.

Este livro mantém e atualiza partes do livro anterior incluindo novos relatos e estatísticas. O título evidencia a importância dos fatores inconscientes. O enfoque aos fatores sociais e culturais tornou-se mais necessário após os atentados suicidas às torres gêmeas em Nova York, o aumento dos atos terroristas e as tristes migrações de pessoas em busca de um lar. O crescimento do radicalismo e do populismo que prega soluções fáceis para as mazelas sociais, supondo sempre que a culpa é dos "outros", é preocupante, pois alimenta os preconceitos. Nessas situações, o ser humano ataca sua própria capacidade de pensar e sentir, de se colocar no lugar do outro, de modo que as possibilidades de compreender, amar e ser solidário são destruídas, muitas vezes sem que a própria pessoa se dê conta do que está ocorrendo. É como se o ser humano matasse sua própria humanidade, cometendo suicídio de uma parte de si mesmo. Diante desses fatos, a necessidade de lutar por uma vida digna se torna dramática e urgente.

Introdução

Se você, que está iniciando a leitura deste livro, alguma vez já pensou em suicídio e está curioso para saber mais sobre o tema, espero que este texto o auxilie. Mas adianto que, como você, a maioria das pessoas já teve esse pensamento alguma vez na vida.

Se você que vai ler este texto conhece alguma pessoa que tentou se matar, ou se matou, saiba que o suicídio em si não é um ato com componente hereditário estrito. No entanto, algumas vezes, o ato suicida deixa marcas nos indivíduos que conviveram com o suicida, e o sofrimento pode levá-los a pensar em repetir o ato.

Se você que está interessado neste livro vem pensando em se matar, espero que possa discernir algumas das motivações desses seus pensamentos. E perceba que, com auxílio profissional, será capaz de compreender melhor a importância dos fatores envolvidos em seu sofrimento, os quais, desse modo, poderão ser combatidos com várias armas terapêuticas. Pode ser que também note

10 INTRODUÇÃO

que muitas pessoas que pensam em se suicidar, talvez como você, estão descrentes e não conseguem ver nenhuma saída; mas essas saídas existem e serão encontradas, desde que você se deixe ser ajudado.

E se você que está me lendo nunca teve qualquer tipo de pensamento ou experiência relacionada ao suicídio, espero que eu possa ajudá-lo a compreender algo sobre os mecanismos mentais comuns a todos os seres humanos e o modo como eles interagem com fatores ambientais. A mente do suicida é como a mente de qualquer pessoa, com a pequena diferença de que alguns mecanismos se tornaram mais intensos ou passaram a interagir entre si de tal forma que causam um sofrimento que pode ser sentido como insuportável.

O estudo do suicídio é complexo porque envolve diversas perspectivas. Podemos estudá-lo dos pontos de vista filosófico, sociológico, antropológico, moral, religioso, biológico, bioquímico, histórico, econômico, estatístico, legal, psicológico, psicanalítico etc., sendo que todas essas visões se interpenetram. Neste livro, serão levados em consideração aspectos inconscientes, estudados pela psicanálise, em sua interação com o sociocultural, de modo que sejam compreensíveis para o não especialista.

A pessoa que pensa em suicídio ou tenta se matar está, evidentemente, sofrendo. Quando ela não encontra formas de diminuir ou compreender esse sofrimento, que se torna insuportável, o suicídio parece ser a única saída. No entanto, o sofrimento se tornará suportável se a pessoa puder contar com a ajuda de outro ser humano, um profissional especializado em sofrimento, que utilizará seu conhecimento para compreender esse mal-estar e ajudar a transformá-lo. Não raro, essa transformação permite que a pessoa reveja sua vida e descubra novas formas de torná-la criativa. Por isso, entendemos que as ideias suicidas e as tentativas de morte são, sempre, formas de pedir ajuda.

Tipos de suicídio

O termo "suicídio" significa "morte de si mesmo". Essa definição parece suficiente num primeiro momento, mas, quando refletimos sobre os fatores envolvidos nos comportamentos suicidas e sobre as formas como eles podem se manifestar, percebemos que se trata de uma conceituação muito ampla, podendo incluir atos e comportamentos que normalmente não são associados a suicídios, mas que, de alguma maneira, se relacionam com eles. Vamos a alguns exemplos:

1) Imaginemos um fumante inveterado, já com problemas pulmonares e cardíacos consequentes do fumo, que sabe que, se não parar de fumar, morrerá em pouco tempo, mas não o faz ou não consegue fazê-lo. É evidente que está contribuindo para sua própria morte. O mesmo vale para o alcoólatra, para o viciado em drogas e ainda para quem insiste em ingerir alimentos que lhe farão mal.

12 TIPOS DE SUICÍDIO

2) Há pessoas que gostam de viver perigosamente. Na maioria das vezes, não estão conscientes dos riscos que correm ou, se estão, acreditam ser imunes a eles. Tanto o policial quanto o criminoso, por exemplo, correm risco de morte e sabem que sua chance de morrer é maior que a da população geral. Outro bom exemplo é o indivíduo que pratica roleta-russa: ele não só acredita em sua invulnerabilidade "mágica", como também procura sua própria morte. Já os praticantes de roleta-paulista (dirigir velozmente atravessando cruzamentos sem considerar a possibilidade de colisões) procuram, além da própria morte, a morte de outros. A autoagressividade e a heteroagressividade ocorrem em todos os suicídios, como veremos adiante. Não é raro nos defrontarmos com pessoas que se expõem desnecessariamente a situações de risco, como os pilotos de corrida.

3) O soldado voluntário que se oferece para uma missão em que as chances de sobrevivência são pequenas, os indivíduos que se sacrificam em protestos políticos e, ainda, a pessoa que faz greve de fome por um ideal constituem outro grupo de indivíduos que correm risco de vida, aqui de uma forma geralmente altruísta.

4) Muitas vezes, pessoas comuns se acidentam com facilidade em determinadas fases de suas vidas. Caem, são atropeladas, envolvem-se em batidas de carro, machucam-se no trabalho etc. Uma análise mais profunda demonstra uma exacerbação inconsciente de aspectos autodestrutivos. É interessante notar que, em muitas sociedades, as taxas de morte por suicídio acompanham as taxas de acidentes em suas oscilações. Isso ocorre não só porque muitos suicídios conscientes passam por acidentes, mas também porque as motivações inconscientes tendem a ser comuns nos dois grupos.

5) Há pessoas que levam a vida de modo tal que, por problemas emocionais ou psicossociais, sobrecarregam-se física e/ou mentalmente e vivem em tensão. As pessoas próximas, às vezes, percebem e alertam: "você está se matando, precisa mudar de vida". É a percepção inconsciente que os outros têm dos componentes suicidas. Esses componentes podem se manifestar, por exemplo, por meio de doenças. Sabe-se que em todas as doenças existem fatores emocionais, além de causas externas. Como veremos adiante, a doença resulta da interação entre a força de vida e uma força correlata que impele para a morte. Isso é mais evidente nas chamadas doenças psicossomáticas, como a hipertensão arterial e o infarto do miocárdio. Em qualquer doença, o componente emocional pode contribuir para seu desencadeamento e influenciar o prognóstico e os tratamentos. A anorexia nervosa, uma doença em que o indivíduo pode chegar a morrer porque se recusa a comer, é um exemplo extremo da influência de fatores autodestrutivos. Evidentemente, ninguém deve deixar de procurar um médico por acreditar que sua doença seja apenas "psicológica". Não procurar assistência médica também é um comportamento autodestrutivo.

Portanto, as pessoas podem se matar ou procurar a morte de forma consciente ou inconsciente. Todos os seres humanos possuem impulsos nomeados pulsões de vida e pulsões de morte. As primeiras levam a crescimento, desenvolvimento, reprodução, ampliação da capacidade de pensar, sentir e viver. Já as pulsões de morte lutam pelo retorno a um estado de inércia, atacando a capacidade da pessoa de lidar com as adversidades e de viver e desvitalizando as suas relações consigo mesma e com o mundo. Do ponto de vista individual, as pulsões de morte sempre vencem,

14 TIPOS DE SUICÍDIO

pois todos os seres vivos morrem. Do ponto de vista coletivo, a vida continua, por meio de nossos descendentes.

A vida, nas suas várias fases de desenvolvimento e involução, até a morte, é o resultado da interação entre essas duas pulsões. Mesmo as pulsões de morte auxiliam a vida, pois delas derivam forças que se manifestam por meio de uma agressividade que, quando adequada (influenciada pelas pulsões de vida), volta-se para aspectos do mundo externo, permitindo que a pessoa se defenda da hostilidade do meio em que vive. Além disso, contribui para a conquista dos recursos necessários para sua sobrevivência, como alimento e sexo. É como se a pulsão de morte defendesse a pessoa da morte por causas externas, obrigando-a a morrer de causas naturais, no tempo certo. No entanto, se fatores individuais ou psicossociais aumentarem a força das pulsões de morte, mecanismos autodestrutivos, que poderão acelerar a morte, passam a se manifestar. A morte deixa de ser natural para ser precedida por doenças, acidentes ou atos de autoextermínio, conscientes ou inconscientes.

Além de consciente ou inconsciente, o suicídio pode ser considerado total ou parcial. No suicídio parcial, o indivíduo mata uma parte de si mesmo. Pode ser consciente – por exemplo, por meio de automutilações – ou, o que é mais comum, inconsciente, manifestando-se na forma de doenças e do não funcionamento ou mau funcionamento de órgãos, por exemplo. A frigidez e a impotência sexual são exemplos claros de uma espécie de morte de parte do indivíduo. Mas o que se mata é sempre a satisfação, a criatividade e a vida que provêm desses órgãos.

O suicídio parcial também pode se manifestar por meio do prejuízo de funções mentais (sem fatores orgânicos identificáveis), de modo que a pessoa se torna incapaz de aproveitar suas potencialidades emocionais de amar, de trabalhar, de ser criativa. Quase sempre o indivíduo não tem consciência de que suas potencialidades podem ser maiores do que ele se permite usar, de que parte delas está bloqueada, "suicidada", por conflitos emocionais.

A interação entre fatores internos e externos está sempre presente. Um ser humano pode não ter forças para enfrentar desafios e pressões externas, ou porque são muito intensas, ou porque suas forças internas estão prejudicadas, ou pela soma de ambos os fatores. É evidente que se corre maior risco de acidente numa estrada mal sinalizada, ou de tuberculose em caso de desnutrição, ou de assalto numa rua escura e perigosa: aqui, a força de fatores externos é clara. Mas motivações internas poderão levar muitas pessoas a redobrar os cuidados na estrada ao perceberem que está mal sinalizada, alguns desnutridos a resistir ao bacilo da tuberculose e outras pessoas a descobrir como se proteger melhor de um assalto em potencial. Já outros indivíduos, com menor intensidade de pulsão de vida, ou mais aspectos ligados à pulsão de morte, poderão acidentar-se em ótimas estradas, ficar tuberculosos mesmo se bem nutridos ou ser assaltados porque deixaram, por engano (isto é, inconscientemente), a porta de casa escancarada, "convidando" qualquer assaltante a entrar. Enfim, forças internas podem diminuir ou aumentar a força de riscos externos. Ao longo do livro, no relato de alguns casos, o leitor encontrará exemplos ilustrativos disso.

Sociedades suicidas

Antes de prosseguir, permitam-me uma analogia entre o indivíduo e a sociedade. Trata-se de um exercício, porque uma visão psicológica de algo tão complexo como uma sociedade será certamente parcial e deformada.

As sociedades também nascem, crescem, se desenvolvem, involuem e morrem. Ao longo da história, centenas de civilizações mais ou menos desenvolvidas se extinguiram, como também ocorreu com milhares de espécies animais e vegetais. Essas sociedades atingiram seu ápice e entraram em decadência. É comum que historiadores identifiquem os fatores da involução dentro da própria sociedade, fatores que terminam por levar ao autoextermínio ou à facilitação de conquistas por outros povos. Às vezes, o agente externo é invencível e as forças internas têm menos influência, como ocorreu com os índios de nosso continente diante da invasão europeia. Mas, quando se trata de civilizações ameaçadas por outras de tecnologia equivalente ou inferior, o componente

18   SOCIEDADES SUICIDAS

autodestrutivo é evidente, como ocorreu com as civilizações mesopotâmica, egípcia, grega e romana, apenas para citar as mais conhecidas. Em nosso continente, provavelmente foi o caso dos incas e dos maias.

Esses processos de vida e morte das civilizações levaram séculos, e pode-se supor que acontecerá o mesmo com as nações modernas, mesmo que o fator tempo seja ainda curto para uma avaliação mais cuidadosa. A extinção do império inglês após a Segunda Guerra Mundial poderia estar ligada a fatores internos, bem como a do império soviético. O mais provável, no entanto, é que as antigas nações imperiais tenham se readaptado, valendo-se de uma nova forma de sobrevivência, de modo que continuassem dominando outras nações de um jeito mais sutil e eficiente – por exemplo, por meio do domínio financeiro e científico e/ou corrompendo pessoas influentes nos países dominados.

Quando observamos uma nação como o Brasil (ou nossos irmãos latino-americanos e africanos), verificamos a existência de componentes autodestrutivos intensos. Em raríssimos momentos da história, suas lideranças lutaram por justiça social e desenvolvimento pleno da cidadania. Nesses países, o extermínio da vida (e o suicídio parcial do país) tem sido uma rotina. Esse suicídio se faz de várias formas, a começar pelo grande número de recém-nascidos aniquilados por doenças causadas pela pobreza; dos que sobrevivem, outros tantos morrem precocemente, vítimas de violência manifesta ou oculta, mais sutil, quando a sociedade não lhes proporciona condições dignas de vida. Dos que restam, a maioria se torna acuada, submissa, sem oportunidades de desenvolver suas potencialidades. Por vezes, a própria sociedade os engana, fazendo-os crer que estão suficientemente vivos por meio da manipulação informativa e da política do "pão e circo", sem perceberem que estão sendo anestesiados. Trata-se de uma "morte em vida".

Pertencem a esse grupo aquelas pessoas que, embora constituam a maioria populacional, produzem as riquezas sem poder usufruir delas. Promove-se um suicídio da tomada de consciência dos direitos sociais por meio de um sistema educativo alienante, de uma rede de desinformação, de uma cultura consumista, de uma ode ao oportunismo e, eventualmente, à desonestidade, em conluio com um sistema propício para a manutenção das injustiças e da impunidade. Uma sociedade em que os jovens não têm perspectivas – a não ser a violência e as drogas – está cometendo "suicídio".

Mas não é tão fácil exterminar a vida (e até o indivíduo suicida sabe como é difícil se matar): há sempre vida em potencial e possibilidades de renascimento, às vezes até das cinzas. E, muitas vezes, quanto maiores a inibição e a restrição de uma vida em seu desenvolvimento, maiores serão a força e a vitalidade com as quais ela emergirá, por exemplo, na luta pelos direitos humanos e na busca da cidadania. No entanto, sempre existe o risco de que sabotagens internas destruam as poucas conquistas obtidas a duras penas.

Talvez o leitor se pergunte por que me refiro a essa morte da sociedade como "suicídio", em vez de "assassinato". É porque ela está sendo morta por uma parte dela mesma. Parte de uma sociedade mata as potencialidades de outra parte, como faz o suicida. Como veremos adiante, o suicida não necessariamente quer se matar, mas matar uma parte de si mesmo. Isso, porém, é impossível, e ele, como por engano, acaba se matando e morrendo por inteiro, e o mesmo pode acontecer com a parte da sociedade que mata a outra parte.

Vemos isso na violência urbana, em que pessoas sem oportunidades – "semissuicidadas" – revidam violentando outras pessoas, o que gera uma espécie de guerra civil em que uma parte da nação é atacada por outras partes e vice-versa. Como em todas as guerras, todos são prejudicados, principalmente os inocentes que não conseguiram impedir a guerra. Gandhi dizia que o "olho por olho" resulta numa sociedade cega.

Evidentemente, essas considerações sobre os conflitos sociais são simplificadoras e devem ser completadas pelas ideias de pensadores de várias áreas, os quais se dedicam ao tema com profundidade.

De acordo com o modelo adotado aqui, derivado de uma visão psicanalítica, os impulsos destrutivos, que se tornam mais ou menos intensos diante de frustrações maiores ou menores, têm de ser neutralizados ou desviados para que não se tornem autodestrutivos, tanto no indivíduo como na sociedade. Em termos individuais, se não posso combater um inimigo externo porque ele é mais forte, posso arranjar um inimigo interno, posso me autoagredir; em termos coletivos, se não posso combater um grupo inimigo fascista, posso deslocar as energias para combater uma dissidência mais fraca de meu grupo antifascista, agredindo meu próprio grupo e, portanto, a mim mesmo. Se não posso brigar com meu patrão, posso atacar minha esposa e meus filhos, e, se não posso agredir ninguém, posso bater minha cabeça na parede, ou me matar. Em outras palavras, a agressividade, se não neutralizada pela pulsão de vida, será manifestada dentro do indivíduo, predispondo-o a doenças somáticas e mentais ou a acidentes no ambiente externo.

Com frequência, procuramos bodes expiatórios para servirem como alvo dos ataques destrutivos expelidos pela pulsão de morte: podem ser os judeus, os comunistas, os americanos, os hereges, os infiéis, os negros, os amarelos, os nordestinos, os paulistas, os homossexuais etc. Podemos ameaçá-los verbalmente ou em atos, atacá-los preconceituosamente e, se os impulsos forem muito fortes (ou bem manipulados por alguém), terminaremos num *pogrom*, numa fogueira inquisitorial, num linchamento, caminhando rumo a genocídios. Pode-se também travar uma guerra: "retomar" as Ilhas Malvinas dos ingleses ou digladiar-se com algum país vizinho por causa de um rio ou um pedaço de terra. Numa guerra (civil ou externa), matamos, "suicidamos" parte de nossa juventude e da nação. Numa guerra mundial, matamo-nos todos, exterminamos toda a humanidade com artefatos nucleares, a espécie humana se suicida e ainda acaba com muitas espécies vivas. Não é difícil acabar com o planeta Terra. Portanto, um suicídio da humanidade é possível.

O indivíduo suicida se mata ou (geralmente com ajuda profissional) permite-se pensar e controlar seus impulsos, humanizando-se. O mesmo se dá com a humanidade: ela deve pensar e se humanizar ou se exterminará.

Lembro-me de uma anedota. Num congresso mundial sobre genética, o presidente alerta que será anunciada uma descoberta que revolucionará a história da humanidade. Marca-se a hora para o anúncio, auditório lotado, jornais, televisão, suspense... O presidente se levanta e, emocionado, comunica que finalmente foi descoberto o elo perdido, aquele elo tão procurado pelos estudiosos da evolução, o elo entre os macacos e o homem civilizado. E continua, com a voz embargada: "O elo perdido somos *nós*".

Essa anedota revela a capacidade humana de perceber suas próprias mazelas. A capacidade de rir, de rir de si mesmo, é uma característica do ser humano, e é uma arma muito forte, às vezes a única arma que atinge em cheio os algozes, tanto internos quanto externos. Além disso, o riso é um antídoto contra dogmatismos e fanatismos, permitindo que reconheçamos nossas próprias limitações. Felizmente, hoje podemos até achar engraçado o fato de que russos e americanos tinham armamentos suficientes para

22 SOCIEDADES SUICIDAS

exterminar a humanidade dezenas de vezes – não bastava exterminá-la uma vez só?

Ao mesmo tempo, porém, terrorismos variados, de aparente origem política e religiosa, revelam a dificuldade do ser humano em utilizar sua mente para a vida, e não para a morte. O homem, capaz de se enxergar, pensar e avaliar seus pensamentos e ações, pode também corrigir suas falhas e erros e escolher ficar do lado da vida, tentando descobrir maneiras de combater todo esse potencial mortífero. Creio que, se pode rir de si mesmo, é porque já tem condições de abandonar sua prepotência e sua arrogância (fatores ligados a pulsões de morte) e se permitir dialogar e aceitar o outro, com suas diferenças, e a si mesmo. Com isso, abre-se o caminho para a ética e o respeito humano, propiciando que a solidariedade combata ódios, invejas e destruições. O mesmo ocorre com o indivíduo suicida: quando ele pode rir, é porque já está se humanizando, aceitando-se com os recursos e as limitações próprios da humanidade. É o primeiro passo para se aproveitar a vida.

O que é a morte para o suicida

Voltemos agora ao estudo do suicídio individual. O mais comum é que se considere como suicídio a morte que alguém provoca a si mesmo, de uma forma deliberada, intencional. Trata-se de um ato consciente. Mas uma questão importante que deve ser considerada é se o suicida consciente está realmente procurando a morte. As perguntas que se impõem são: o que é a morte? Será possível saber o que é a morte? O que realmente se quer quando se procura a morte?

Existem certos depoimentos de pessoas que teriam chegado perto de morrer que descrevem visões sugestivas de uma possível vida pós-morte. Não está claro se o que elas contam é algo real ou se são projeções de fantasias internas. De todo modo, seus relatos descrevem o que ocorreria em momentos próximos ao fim, mas não a morte em si.

A ideia de uma vida após a morte pode ser um mecanismo necessário para tornar compreensível o incompreensível, o ignorado. A angústia diante do desconhecido, do incontrolável, é tão intensa que, se não utilizássemos mecanismos que nos consolem ou que nos proporcionem a fantasia de controle, poderíamos enlouquecer.

Pode-se perceber que a maioria dos seres humanos vive como se fosse imortal, pelo menos na maior parte do tempo. Existem mecanismos mentais que nos impedem de ter uma consciência permanente de nossa finitude. Poucos homens percebem de uma forma clara que o tempo passa e se permitem aproveitar melhor a vida, deixando de se desgastar com pequenas coisas. Alguns tomam essa consciência após crises, doenças graves, momentos de proximidade com a morte, guerras etc., de modo que reavaliam sua vida. Mas nem sempre essa reavaliação leva a mudanças significativas.

Algumas vezes, a percepção da finitude faz com que o indivíduo se permita perder ou sacrificar algo (que deixa então de ter tanto valor) em função de interesses maiores, como sua família, sua comunidade ou a sociedade como um todo. Em certas situações com componentes altruístas, a própria vida é sacrificada.

São conhecidas as situações em que pais e mães se sacrificam para salvar seus filhos, num processo altamente complexo, com bases biológicas e psicológicas profundas, de modo a permitir a vida àqueles que viveram menos, num esforço de perpetuação da espécie. O heroísmo em situações de crise é uma constante em populações marginalizadas, nas quais muitas vezes os pais deixam de comer para alimentar seus filhos. Uma notícia de jornal é bem ilustrativa: "Pelo menos 35 refugiados de Ruanda, em sua maioria velhos e enfermos, cometeram suicídio coletivo tomando um carrapaticida usado em gado, para que a escassa comida pudesse ser dada às crianças – disse no Quênia um funcionário do Alto Comissariado da ONU para Refugiados".[1]

Infelizmente, em quadros de depressão severa, o suicida em potencial pode achar que sua morte fará com que sua família deixe de sofrer. Para ele, seu suicídio será altruístico. Isso não é verdade, e uma análise cuidadosa demonstrará que tal raciocínio é um mecanismo de autoengano para justificar um ato de motivações muito mais profundas. Por vezes, a pessoa imagina, de modo onipotente, que matar outras pessoas evitará que elas sofram, assim, mata os próprios filhos e parentes antes de se matar. Essas situações serão discutidas adiante. Dessa maneira, o conceito do que seja um suicídio altruísta deve ser da sociedade, não do indivíduo, que pode estar perturbado de tal forma que não tem condições de avaliar o que está pensando e fazendo.

O exemplo dos velhos que se suicidam para permitir a vida dos mais jovens, possivelmente uma das motivações dos suicídios de velhos entre os esquimós e certos grupos indígenas, leva-nos a refletir sobre as dificuldades que muitas pessoas têm de dividir as benesses da vida com outras pessoas. Muitas vezes, para manter o poder, os velhos (não de idade, mas de espírito) se tornam avaros, desconfiados, autoritários e até desonestos, não medindo esforços e usando qualquer meio para não perder suas posições. Às vezes, a pressão da geração mais jovem para decidir o seu próprio destino é respondida com dominação e submissão. Isso é visível em muitas famílias, e o resultado pode ser a sua dissolução em forma de autoextermínio. Essa relação se torna ainda pior quando ocorre

---

1   O POVO ONLINE. *Fome na África provoca o suicídio coletivo de 35*. Disponível em: <http://www.opovo.com.br/app/opovo/opovoehistoria/2012/11/10/noticiasjornalopovoehistoria,2951947/fome-na-africa-provoca-o-suicidio-coletivo-de-35.shtml>. Acesso em: 9 mar. 2017.

em sociedades: o resultado é a repressão de todo um povo por um pequeno grupo de indivíduos que tem medo de dividir o poder.

Se esse grupo, para continuar no comando, se vale de falcatruas e meios ilegítimos (incluindo prisões, torturas, mortes e exílio dos adversários), de modo a manter toda uma população amordaçada, seu pavor de perder a força aumenta, já que os submetidos tendem a se revoltar. Assim, a cada sinal de vida a repressão aumenta. A parte dominada da sociedade será "suicidada" porque a outra parte que a matou também pertence à totalidade.

Felizmente, mesmo que aparentemente morta (às vezes ela se finge de morta, arma que muitos animais usam para confundir seus inimigos), há sempre uma vida latente, submersa, que poderá emergir a qualquer momento. Em muitos casos, grupos dominados criam novas sociedades, novas nações, novas religiões. A vida surge, ressurge e insiste em vencer a morte. E o mesmo pode ocorrer com as pessoas que se sentem dominadas pelo sofrimento a ponto de imaginar que o suicídio seria a única solução: bem no fundo, a vida está presente buscando meios de emergir.

Retomemos o problema de tentar compreender o que seria a morte. Podemos investigar como cada ser humano imagina o que seria sua morte. Para alguns, ela se apresenta como algo misterioso, impossível de ser colocado em palavras, muitas vezes sentido como apavorante. Já outras pessoas parecem não se incomodar com a realidade da morte, ainda que não possam compreendê-la.

Muitas pessoas igualam a morte a trevas, a um sono sem fim. Ora, trevas e sono se contrapõem a luz e vigília, de modo que o conceito de morte seria a negação de algo, o nada: só percebemos a presença das trevas ou do sono quando eles já se foram, após ver a luz ou ao acordar. Na verdade, as ideias ou sentimentos do nada após a morte, um nada que não se contrapõe a coisa alguma, pois não se tem qualquer informação sobre ele, nos mostram a impossibilidade de imaginá-lo e descrevê-lo. Trata-se de uma experiência que nunca tivemos e, se a tivemos, não foi uma experiência de fato nossa, pois ocorreu antes de sermos, de existirmos. Enfim, não podemos saber o que é a morte porque não morremos. Podemos apenas supor algo, como uma não vida, indescritível.

Há ainda as pessoas que afirmam não ter condições de saber o que seria a morte. Contudo, em todas (mesmo nestas ou nas que igualam a morte a trevas) encontraremos fantasias inconscientes sobre uma vida pós-morte. Essa crença faz parte da origem das religiões, que nos consolam diante da tomada de consciência da finitude. Todas as religiões se fundam na crença de uma vida após a morte, seja terrena ou extraterrena. A fé implica em crer sem provas, e a fé na vida após a morte deve ter sido uma das condições de sobrevivência do ser humano, evitando que tome consciência de sua insignificância. É possível supor que essa fé seja fundamental e fruto de processos mentais adaptativos que mantêm a saúde mental necessária para a própria vida e para o desenvolvimento da humanidade. Para os não crentes, a fé em outra vida seria um autoengano.

Para a criança, a morte é algo reversível, bem como para os povos primitivos. O crente tem ideias parecidas, mas para ele a reversibilidade ocorreria em outro mundo. Uma criança pequena acha que alguém morre porque foi morto por outra pessoa ou porque estava doente – a doença o matou. Não existe a ideia de morte natural, de que as pessoas morrem porque estão vivas. Para os povos primitivos, a morte também é um acidente: uma pessoa mata outra diretamente ou por meio de indução emocional (inveja, mau-olhado, feitiço); as doenças também são resultado de algo externo, causado por um inimigo, muitas vezes de outra tribo ou grupo, com capacidade de feitiçaria. Outras vezes, morte e doença não são

28 O QUE É A MORTE PARA O SUICIDA

responsabilidade de pessoas, mas de entidades superiores, geralmente com características humanas: os deuses. Esses deuses devem ser aplacados com sacrifícios e orações. Comumente, eles são divididos em deuses bons e maus, e assim vamos nos aproximando das concepções das grandes religiões, com o céu e seus representantes divinos e o inferno e seus representantes malignos. A morte e a doença resultariam de castigos pela não obediência a preceitos da divindade ou da possessão por influências demoníacas.

O crente, às vezes, atribui a doença e a morte a seus próprios pecados e, às vezes, aos da humanidade – porque ela (e não o homem individual) foi expulsa do paraíso por desobediência. Acredita-se que os bons e justos serão premiados após a morte e os maus serão castigados. Mas, tanto no céu como no inferno, a vida continua após a morte.

As concepções de céu e inferno são variadas: para algumas religiões, no céu se encontram todos os prazeres terrenos e a vida é semelhante à da terra, mas sem sofrimento (como no Valhala dos vikings e no paraíso dos islamitas, em que existem gratificações proporcionais ao heroísmo que se demonstrou em vida); para outras, como a cristã, o celestial se parece menos com o terreno, ainda que a eventual crença no inferno as aproxime. Em algumas religiões, a crença na vida pós-morte leva à ideia de comunicação com os mortos ou com seus espíritos, como ocorre em muitas sociedades primitivas e, nos tempos modernos, nas religiões espíritas e suas variantes. Essa comunicação confirma a crença.

Verificamos, assim, que o desejo dos seres humanos pela ressurreição é arcaico, e as religiões refletem essa necessidade. Ele também existe na mente de pessoas não religiosas, mas, mascarado pelo racional, permanece inconsciente. Por isso, não nos surpreendemos quando um não crente se desespera diante do fim da vida, desejando consolo ou promessas de vida pós-morte. Como veremos adiante, a fantasia inconsciente do suicida, mesmo ateu ou racionalista, implica algo além da morte, e não necessariamente extraterreno.

O leitor deve ter percebido que, se deixamos de lado a fé religiosa, a morte se torna incognoscível. Independentemente de fatores religiosos, as pessoas inconscientemente combatem os terrores internos com fantasias de imortalidade, de vida após a morte. Por isso mesmo, o suicida *não procura a morte* (porque não sabe o que é a morte), mas está em busca de *outra vida*, fantasiada em sua mente. Essas fantasias comumente se encontram em camadas inconscientes do funcionamento mental e só podemos descobri--las pelos meios indiretos da psicanálise.

As proposições anteriores levam à ideia de que existe uma independência entre o desejo de morrer e o de se matar. A pessoa que se mata não quer necessariamente morrer, pois nem sabe o que seria isso. Ela se mata porque deseja outra forma de vida, fantasiada, na terra ou em outro mundo; essa outra forma de vida, porém, está em sua mente. Nela, a pessoa encontra amor ou proteção. Vinga-se dos inimigos, pune-se por seus pecados ou reencontra pessoas queridas. Tanto o desejo de se matar não tem relação com o de morrer que, ao longo da história, muitas vezes a tentativa de suicídio foi punida – e com pena de morte! Foi o que promulgou, por exemplo, o imperador Adriano entre os antigos romanos. Mais recentemente, um relato nos conta sobre uma pessoa que se jogou num rio querendo se matar e, enquanto se debatia na água, recusava as cordas e boias que lhe jogavam da margem. Finalmente, um policial a ameaçou com um revólver: "ou você sai daí ou te dou um tiro". O suicida em potencial, que queria se matar, mas não ser morto, saiu da água.

Os fatos descritos nos levam a considerar que o indivíduo que quer morrer deseja também viver. Parte da pessoa quer deixar de existir e outra parte deseja continuar viva. Essa ambivalência faz parte do conflito, tanto de forma consciente quanto – e principalmente – inconsciente. A forma como a pessoa será ajudada ou a falta de ajuda adequada influenciarão a direção que vai ser tomada. O profissional de saúde buscará meios de fortalecer a parte que deseja viver e, ao mesmo tempo, combater a que deseja morrer.

Agressão e punição no comportamento suicida

Vejamos o que ocorreu em Mileto, na Grécia antiga, segundo descrição do historiador Plutarco. Moças passam a se enforcar e logo se apresenta uma epidemia de suicídio entre as jovens. Nenhuma medida consegue cessá-la, até que alguém propõe que as moças sejam condenadas a terem seu cadáver levado nu, em passeata, até o cemitério. Com essa medida, a epidemia se extingue.

Como explicar isso? Além de tentarem livrar-se de um sofrimento (cuja origem não podemos identificar), certamente as moças suicidas imaginavam como seria a reação dos outros à sua morte. Essa fantasia implica mais vida que morte: a morta poderia "ver" a reação dos vivos, poderia "perceber" os sentimentos de tristeza e, eventualmente, de remorso e culpa por parte dos sobreviventes, como se estivesse viva. Essa "visualização" a impede de tomar uma consciência clara da realidade da morte, da finitude. O suicida elimina sua vida e paga com ela o prazer de tornar "real" sua fantasia de que sua falta será sentida, de que se vingará dos que não o compreenderam ou não o ajudaram – ainda que não tenha consciência clara desses desejos. De alguma maneira, o suicida permaneceria vivo. No caso da epidemia de Mileto, a jovem que fantasia a reação dos outros à sua morte passa a visualizar também a reação a seu corpo nu, e a vergonha supera as demais fantasias.

A tendência de imaginar como seria a reação dos outros à própria morte é comum no ser humano e se acentua em momentos de frustração, impotência e raiva. O ato suicida se torna uma retaliação e vingança contra o ambiente e as pessoas que, supostamente, fizeram o suicida sofrer, ou não o ajudaram e compreenderam o suficiente. Espera-se que elas sintam remorso e sofram pelo que teriam feito ou deixado de fazer. Em *As aventuras de Tom Sawyer*, o autor Mark Twain nos descreve com perspicácia e humor o prazer do herói (que todos acreditam ter se afogado) de assistir escondido a suas próprias cerimônias fúnebres, observando as reações das pessoas que, se antes demonstravam raiva em relação a ele, agora o elogiam e lamentam sua falta. Não raro, em cerimônias fúnebres, os mortos são transformados em pessoas muito melhores do que realmente foram. Isso é compreensível, pois a morte aproxima os seres humanos, faz-nos perceber que ninguém é perfeito. É possível inclusive que, em algumas situações, as homenagens sejam inversamente proporcionais à culpa por sentimentos negativos inconscientes em relação ao morto e pelo alívio proporcionado por sua morte.

O suicídio de Getúlio Vargas é demonstrativo: o presidente se vinga de seus inimigos fazendo com que se sintam responsáveis e culpados por sua morte. Ao mesmo tempo, escreve em sua carta--testamento: "Saio da vida para entrar na história", evidenciando sua fantasia de que continuará a influenciar a nação. É como se continuasse vivo, talvez mais vivo que antes de seu suicídio.

A morte de Romeu e Julieta, da obra de Shakespeare, assim como de tantos Romeus e Julietas da vida real, vinga-os do ambiente onde vivem, que não aceita sua paixão. Nessa peça, a ambivalência entre vida e morte é clara, já que o suicídio acaba acontecendo por um engano. A morte visa fazer com que continuem juntos, amando-se em um mundo fantasiado, pleno de paz.

As situações descritas demonstram, mais uma vez, que os suicidas não desejam a morte, mas uma nova vida, na qual se sintam considerados e queridos. Um final fantasiado, se fosse possível, seria que aquelas pessoas de quem imaginam que veio o maltrato sentissem culpa e mudassem suas atitudes. Então, o suicida ressuscitaria, todos se desculpariam e a vida se tornaria plena, com um final feliz.

É evidente que isso não vai acontecer, mas pode ser possível quando se tratam de ideias, ameaças ou tentativas de suicídio, em que o indivíduo não morre. No entanto, a reação do ambiente costuma ser bem mais complexa: raramente a tentativa de suicídio tem, em si, capacidade de modificar muita coisa. A relação indivíduo-ambiente é comumente estruturada de modo tal que as reações serão apenas momentâneas: em pouco tempo, a vida retoma as mesmas características de antes.

Também é possível que a reação do ambiente ao suicida seja agressiva: a ameaça ou tentativa de suicídio não só não é levada a sério, como seu autor é ainda mais rejeitado e castigado. Em algumas ocasiões, no entanto, o sentimento de culpa é mobilizado intensamente, e o suicida em potencial pode controlar os outros, ameaçando nova tentativa. Mas trata-se de uma vitória de Pirro, pois o que ocorre é apenas uma mudança de forças, uma troca de poder: a estrutura ambiental continua perturbada e todos os membros da família ou do ambiente são afetados.

A agressão do suicida a seu ambiente manifesta-se também no abandonar pessoas próximas, no frustrar os outros, incluindo a própria sociedade. Faz com que todos se sintam responsáveis por não terem conseguido evitar o ato suicida ou o sofrimento que levou a ele. Em alguns casos, o suicida deixa bilhetes ou cartas com acusações claras ou, o que ocorre na maior parte das vezes, sutis (por exemplo, perdoando ou desculpando alguém pelo mal que lhe teria feito). É uma agressão ainda mais violenta, porque os acusados não podem sequer se defender.

A percepção do componente agressivo do ato suicida não nos deve impedir de lembrar que, ao mesmo tempo, o suicida em potencial está sofrendo de forma insuportável. A acusação feita ao ambiente decorre de traumas reais provocados por ele, embora muitas vezes os problemas decorram menos desses traumas que das condições mentais do suicida, que não consegue lidar com a realidade. É comum que os traumas sejam fruto de experiências precoces que se tornaram inconscientes. Essas experiências fazem com que a pessoa tenha menos condições de lidar com a realidade atual, vivenciando-a de maneira deformada.

A percepção da agressividade do suicida por parte da sociedade fez com que, ao longo da história, ela também reagisse agressivamente, castigando o suicida. Na antiguidade, em Tebas e Chipre, o morto era privado das honras fúnebres. Em Atenas, no século IV, a mão do cadáver era cortada e enterrada em um lugar distante do corpo, como que para impossibilitar ao morto uma vingança posterior. Em Roma, as pessoas que se enforcavam não tinham direito à sepultura. Lá, havia uma certa tolerância ao ato suicida, de modo que a punição só ocorria quando ele simbolizasse uma ameaça à sociedade e ao Estado, como no caso de militares e condenados ou indiciados pela justiça – os suicídios mais reprovados. Algumas tentativas de suicídio, principalmente sangrentas, podiam ir à justiça, e, se essa tentativa ocorresse no exército, seria punida com a morte. A pena para o suicídio proibido era o confisco dos bens pelo Estado.

Entre os wajaga, na África Oriental, o cadáver da pessoa que se enforcava era substituído por uma cabra, sacrificada com o intuito de tranquilizar o espírito do suicida, que, caso contrário, poderia convencer outros a seguir seu exemplo. Na China antiga, antes de uma luta contra povos inimigos, um grupo de homens se matava no campo de batalha, pois imaginava-se que suas almas furiosas influiriam nefastamente sobre os adversários. Em tribos ganenses, se um indivíduo se suicidava e culpava outra pessoa por sua morte, ela também era obrigada a se matar. Entre os índios tlinkit, se a pessoa ofendida fosse incapaz de se vingar, ela se suicidava e seus parentes e amigos deviam vingá-la. Entre os chuvaches da Rússia, era costume as pessoas se enforcarem na porta da casa do inimigo. Em muitos grupos, acreditava-se que a alma do suicida perseguia o ofensor; isso persistiu ao longo dos tempos e continua no psiquismo profundo das pessoas até hoje.

Na Idade Média, os bens eram confiscados e o corpo do suicida era degradado: pendurado pelos pés, queimado, enfiado em tonéis e jogado em rios. Na Inglaterra, ainda em 1823, cadáveres de suicidas eram queimados em encruzilhadas com estacas enfiadas no coração, para evitar que seus espíritos viessem a incomodar os vivos.

A influência da Igreja era grande: os suicidas eram privados de funerais religiosos e os autores de tentativas de suicídio eram excomungados. Se a Igreja primitiva estimulava a morte por meio do martírio, o que facilitaria a entrada no reino dos céus, apenas no século IV Santo Agostinho passa a sustentar que o autoextermínio é uma perversão, de modo que, nos concílios, o direito canônico tende cada vez mais a reprimir o ato, e o suicida é considerado um discípulo de Judas, um traidor da humanidade. Posteriormente, o ato passa a ser visto como uma vitória do diabo, em que o indivíduo duvida da misericórdia divina e vacila quanto à convicção de que será salvo.

A repressão ao suicida tende a diminuir a partir dos séculos XVI e XVII, e, após a Revolução Francesa, proíbe-se qualquer tipo de condenação na França. Com o advento do Racionalismo, a própria Igreja se torna mais tolerante e as punições religiosas já não se aplicam a quem cometeu suicídio num momento de loucura ou se arrependeu diante da morte. Atualmente, há uma tendência religiosa a compreender o suicida, embora ainda se condene o ato.

Entre os judeus, o suicídio também é condenado, e o corpo deve ser enterrado em um local diferenciado, distante dos demais. A depender do motivo, porém, o ato pode ser perdoado, como nos casos de tortura, apostasia forçada, manutenção da honra etc. Entre determinados grupos islâmicos, o suicídio terrorista, isto é, quando o suicida mata também supostos inimigos, é considerado heroico e, acredita-se, faz com que o suicida seja premiado no outro mundo. O combate ao terrorismo se torna muito mais difícil se o terrorista não só não tem medo da morte, como a considera uma honra.

Outros reflexos do ato suicida

A agressão ao ambiente, uma das motivações dos atos suicidas e que, muitas vezes, leva ao revide da sociedade, explica a pouca importância que certas pessoas dão às tentativas de suicídio. A ideia de que o suicida somente quer "chamar a atenção", que "se realmente quisesse, teria morrido", não está correta, ainda que possa fazer parte do conglomerado conflitivo. Equipes de saúde despreparadas para lidar com aspectos mentais e emocionais podem também desprezar os pacientes trazidos por tentativa de suicídio, principalmente quando os atos são pouco graves do ponto de vista médico.

É possível compreender essa reação inadequada quando nos lembramos de que o objetivo da maioria das pessoas é viver, de modo que buscam preservar e prolongar a vida ao máximo, adiando a morte inevitável: sacrifícios necessários para manter a saúde são efetuados. Os médicos, as equipes de saúde, foram treinados para salvar vidas, para enfrentar a morte, numa delegação da sociedade. Quando atendem alguém que os procurou porque deseja viver, existe uma concordância de expectativas: todos querem combater a morte.

Já o autoextermínio será visto como uma transgressão, algo que se choca com os objetivos de vida dos grupos humanos. As premissas das equipes de saúde são atacadas diante de um paciente que tentou se matar. Elas terão de lidar com pessoas que estão do lado da morte e que às vezes veem o profissional como um inimigo.

Existe uma grande dificuldade, em todos nós, de crer que nossas motivações e atitudes não podem ser explicadas apenas pelo racional, e que existe uma vertente inconsciente de extrema importância. O raciocínio lógico nos faz procurar e encontrar motivações para os atos suicidas, e geralmente essas motivações são julgadas insuficientes para justificá-los. Precisamos enfrentar nosso "não saber". Muitas vezes, lidamos com isso culpando aquele que nos fez perceber que "não sabemos", principalmente quando o "não saber" tem relação com a morte e o suicídio e quando sabemos pouco ou nada sobre eles. Diante da frustração do "não saber", pode-se condenar aquele que nos defronta com nossa ignorância e impotência.

Por trás das motivações aparentes do ato suicida, existem mecanismos mentais e conflitos não conscientes. O próprio paciente sabe muito pouco de suas motivações: o que ele comunica, de alguma forma, a parentes, amigos e profissionais de saúde é apenas uma parte do que está vivenciando, e essa parte vem deformada por conflitos e pelo seu estado mental. Muitas vezes, o paciente acredita ter clareza sobre as motivações de suas ideias suicidas, mas ele não sabe que desconhece o mais importante. Lembremos, mais uma vez, que as ideias e percepções do paciente são falhas e transformam a realidade.

Por esse motivo, a família e os amigos não têm condições de compreender o que está ocorrendo, e seu envolvimento e desconhecimento os torna impotentes. Some-se a essa incompreensão dos motivos do ato suicida seu componente agressivo, em alguns casos bastante intenso, e encontraremos pistas para compreender o desamparo (e às vezes o desprezo) que os pacientes vivenciam diante de pessoas que não sabem como ajudá-los.

Ainda que os fatores e as motivações do ato suicida sejam difíceis de compreender, o sofrimento pode ser facilmente percebido. Desânimo, desamparo, falta de vontade de viver fazem parte de diversos processos mentais e emocionais, que devem ser tratados. Quando o paciente dá sinais de que não deseja mais viver, de que a vida não vale a pena, a necessidade de ajuda profissional rápida se impõe.

É importante que a ajuda psiquiátrica e psicológica em caráter de urgência seja acessível, mas, infelizmente, o atendimento médico, psicológico e social costuma deixar muito a desejar em todo o mundo. Os profissionais de saúde também são vítimas do sistema que não lhes dá condições para a prática necessária. Em muitos casos, o preconceito por parte dos familiares e dos próprios pacientes os impede de buscar ajuda. Em outros, os tratamentos são rapidamente abandonados ao primeiro sinal de melhoria, quando esta ainda não é suficiente. Distâncias, custos e horários inadequados para o atendimento de pessoas que trabalham são alguns dos problemas de nossa atenção médica, a qual, em alguns casos, não se faz entender em virtude da desinformação em relação aos costumes e aos aspectos subculturais dos pacientes. Outro fator que dificulta os tratamentos é a resistência, compreensível, do paciente em entrar em contato com seus conflitos e a necessidade de abandonar padrões de comportamento conhecidos. Há uma tendência dos seres humanos de manter o *status quo*, como se qualquer

40 OUTROS REFLEXOS DO ATO SUICIDA

mudança, mesmo que para melhor, fosse provocar penosos e sofridos transtornos.

Verifica-se, além disso, a existência de um conflito entre uma visão mecanicista do funcionamento mental, que seria modificável por meio de medicamentos e treinamentos, e uma visão individualizante, em que se busca a compreensão do funcionamento psíquico. Estamos passando por uma forte fase de resistência a esta última visão, coerente com um momento social em que a reflexão e o pensamento são desvalorizados e condenados, dando lugar a soluções rápidas vindas de fora, ainda que superficiais.

Os avanços das neurociências cada vez mais nos ajudam a explicar o funcionamento da mente humana, mas devem somar-se à visão do homem a partir da sua profunda compreensão sociocultural e psicológica. O reducionismo científico, isto é, a percepção da realidade a partir de um único vértice de observação, excluindo os demais, é limitante e destrutivo.

As pessoas com comportamento suicida vivenciam um sofrimento mental. Esse sofrimento será identificado e tratado pelo profissional de saúde, que deverá utilizar todos os meios de que dispõe para ajudar seu paciente, incluindo medicamentos, tratamentos biológicos, abordagens sociais e psicológicas, tratamentos psicoterápicos de variadas orientações e, eventualmente, internações.

Fantasias sobre o suicídio

Retomemos a questão da incompreensão em relação às motivações dos atos suicidas. A primeira pergunta que nos fazemos diante de um evento desses é: por que ele(a) fez isso, qual o motivo? E as respostas logo surgem: porque brigou com o(a) namorado(a), por problemas financeiros, porque fracassou na escola ou no trabalho. O observador cria essas teorias a partir de indícios manifestos e racionais. No entanto, esses motivos são apenas a gota d'água, o desencadeante último, o elo final de uma longa cadeia de eventos que interagiram entre si e com componentes individuais, levando a conflitos. Esses conflitos remontam a situações primitivas, que se originaram no passado, principalmente na infância, e dependem não apenas dos traumas reais, mas da sensibilidade própria de cada pessoa para lidar com a vida.

O paciente pouco sabe sobre esses conflitos, porque eles se mantêm no inconsciente. Ele apenas percebe algumas características dos desencadeantes finais, aos quais pode atribuir o sofrimento intenso que sente. Há também casos em que a pessoa não consegue discriminar qualquer motivação externa: sente um sofrimento terrível sem encontrar qualquer explicação. Se tiver a felicidade de perceber isso e procurar ajuda, poderá defrontar-se com seu funcionamento mental, tratar-se, compreender-se melhor e encontrar saídas.

Vamos a um exemplo. Como outros que o seguirão, ele é baseado em situações reais, mas será relatado de modo que as pessoas não possam ser identificadas, mantendo-se o sigilo ético.

Nair é uma moça de 24 anos que conheceu um rapaz, João, e está apaixonadíssima por ele, mas não tem certeza de ser correspondida. Usa todo tipo de artifício para manter o rapaz perto de si e se desespera só de pensar em perdê-lo. Sente-se insegura e passa a ter ciúmes dos amigos e das outras atividades de João. O namoro prossegue conturbado por cenas de ciúmes, ameaças de separação e reconciliações. Nair sofre muito porque nunca tem certeza de que é amada. Um dia, João, cansado da insegurança e das lamentações de Nair, resolve deixá-la definitivamente. Ela não se conforma: segue-o, suplica, ameaça-o, tenta seduzi-lo de todas as formas, mas dessa vez João, mesmo com pena dela, resolve não ceder. Nair chora dia e noite, não consegue dormir, trama formas de reconquistá-lo e vinganças, caso não consiga trazê-lo de volta: a imagem de João não sai de sua cabeça. Emagrece, definha e perde o gosto pela vida. A ideia de suicídio começa a tomar forma em sua mente insidiosamente, ganhando casa vez mais firmeza. Visualiza João desesperado com sua morte, arrependido pelo que fez; ao mesmo tempo, sente-se morta, podendo descansar livre dos pensamentos sobre João, que não consegue tirar da cabeça. Com a morte, imagina que cessará seu sofrimento. Acaba tomando dezenas de calmantes pensando em dormir e/ou morrer, e a tentativa de suicídio está consumada. Poderá morrer ou recuperar-se, conforme as circunstâncias.

A causa aparente do ato suicida de Nair é a briga com João. Ora, muitas e muitas pessoas perderam o namorado, sofreram por isso, mas não pensaram em se matar. A explicação, portanto, não satisfaz – ela é apenas, como já assinalado, o desencadeante, a gota d'água. Se Nair se submeter a um tratamento psicoterápico, descobriremos que ela não se sentiu desejada por seus pais quando criança, que se sentia abandonada, como se corresse o risco de ser aniquilada em consequência de um ambiente sentido como inseguro e rejeitante. Essas experiências a tornaram uma pessoa insegura que não acreditava em si mesma, sentindo-se desprezível. Ao mesmo tempo, sentia inveja dos outros, a quem atribuía a posse de tudo o que era bom. Ressentida, buscava ser amada, mas não acreditava que isso pudesse ocorrer. Todos esses sentimentos eram predominantemente inconscientes, e se manifestavam externamente na ligação muito intensa, e ao mesmo tempo frágil, que estabelecia com os outros e no sofrimento extremo pelo medo de perdê-los. Assim, seu comportamento cansava as pessoas, que, por isso, a abandonavam.

Na verdade, Nair reeditava situações e afetos que vivenciara na infância. O episódio com João foi apenas o elo final de uma cadeia de conflitos, e perdê-lo fez com que ela revivesse a criança faminta e abandonada que fora, tomada por sentimentos internos aterrorizantes dos quais precisava fugir. A morte é uma fuga, mesmo que não se saiba claramente para onde.

Portanto, a tentativa de suicídio de Nair não teve como causa a briga com o namorado. Mesmo a rede de conflitos descrita superficialmente acima nunca será completa, porque as influências de outros elementos aparecem apenas parcialmente no tratamento. Além disso, fatores constitucionais, hereditários, biológicos, culturais e sociais também influenciam, em diferentes níveis, a organização da rede conflituosa.

Nesse exemplo, vemos também com clareza que o suicida não está necessariamente escolhendo a morte, mas outra maneira de viver. Mesmo numa visão sumária, verificamos que Nair fantasia uma vida melhor, amada por João ou vingada do sofrimento que ele teria lhe causado. A visualização da morte, em si, é precária, mas, durante o tratamento, verificamos que as fantasias pós-morte de Nair são mais complexas. Existe, por exemplo, uma fantasia de reencontro com sua avó, que morreu quando ela tinha 4 anos e que permaneceu em seu inconsciente como uma fonte importante de gratificações, que supriram aquelas que a mãe não fornecia. O reencontro com essa avó se daria em algum lugar imaginário, onde os mortos revivem. Mas, num nível ainda mais profundo, Nair via a morte como uma volta ao seio, ao útero materno, a um mundo paradisíaco em que todas as suas necessidades estariam supridas ou, melhor ainda, em que não existiriam necessidades. Não haveria diferenciação entre ela e a mãe, ambas se constituindo numa só unidade. A morte seria como um parto ao contrário. Aliás, era isto que Nair queria de João: uma mãe que se unisse a ela em simbiose, para que não houvesse mais individuação dessa mãe (e de João), e que só vivesse para a filha (ou namorada).

Os conceitos das religiões sobre o paraíso remetem à fantasia de uma vida intrauterina, de ausência de necessidades e de felicidade total, no seio de Deus. O castigo dos pecadores é não poder voltar a esse seio. As analogias de volta à mãe Terra, ao seu útero, devem se fundar no mesmo simbolismo.

No caso de um bonzo budista que ateia fogo às próprias vestes em protesto contra uma guerra, ou do camicase que joga seu avião contra um navio americano, ou de um terrorista islâmico que se explode num avião atirado contra edifícios, ou ainda de um palestino que se transforma numa bomba humana matando civis, é evidente que a morte, em si, tem pouca relação com seus objetivos individuais. Existem duas fantasias que se sobrepõem a outras mais profundas, chegando por vezes a mascará-las: permanecer na terra e ser lembrado como herói ou, mais importante talvez, ter uma vida pós-morte, reservada aos corajosos, em que eles serão recompensados pelo sacrifício feito em terra.

A ideia de uma vida pós-morte cheia de regalias leva ao fanatismo das guerras santas dos islamitas, de difícil compreensão para os ocidentais. Mas não nos esqueçamos de que há poucos séculos muitos cristãos fervorosos iam às cruzadas numa aquisição de indulgências que permitissem sua entrada no paraíso após a morte. As orações, as penitências e as flagelações ainda servem ao mesmo objetivo e, por vezes, a bondade e o amor ao próximo têm de ser trabalhados, disciplinados, e até forçados, numa luta contra o terror das profundezas do inferno e para satisfazer o desejo da companhia divina. Esses atos, portanto, não deixam de ser um compromisso para a obtenção de uma vida pós-morte ideal.

É evidente que essas considerações decorrem de uma visão psicológica profunda, não de reflexões teológicas – que fogem dos objetivos deste livro, embora devam ser respeitadas. Mas não é difícil perceber como a Igreja pós-Concílio Vaticano II tem, de certa forma, tentado valorizar mais o ser humano na terra, proporcionando maior respeito à sua capacidade de reflexão, aproximando pessoas insatisfeitas de si mesmas e da religião, e, ao mesmo tempo, criando problemas para quem se preocupa em ser bom apenas para poder chegar ao céu. Possivelmente, esse é um dos motivos da resistência às mudanças dentro da própria Igreja por uma ala que insiste no fato de que o crente deve apenas crer, não pensar.

Uma notícia de jornal mostra a força da fé: duas jovens são enforcadas no Irã sob a acusação de pertencerem ao grupo religioso *bahá'ís*. Ambas faziam parte de um grupo de dez mulheres *baháís* que seriam enforcadas; onze de seus correligionários do sexo masculino já haviam sido executados. Seriam perdoadas da falsa acusação de serem agentes sionistas se renegassem sua fé. Não o fizeram. A situação nos mostra como a fé se mostra superior à morte. Percebe-se, também, que o sionismo é o bode expiatório e que o tema principal era a fé – talvez nem a fé em si, mas o que ela representava ao desafiar os poderosos.

Ora, se as religiões oferecem tanto após a morte, e se algumas veem até a passagem na terra como um ritual de sacrifícios, por que então não acelerar a chegada aos céus, suicidando-se? Possivelmente, esse pensamento é um dos motivos pelos quais as religiões condenam o suicídio individual – como já vimos, o suicida é considerado um pecador pelas religiões modernas –, embora elas próprias possam estimulá-lo em situações especiais, como ocorreu nas cruzadas católicas e como acontece nas guerras santas e nos suicídios islâmicos, com as bênçãos dos sacerdotes. Há quem diga que, sem a proibição, não teríamos cristianismo, pois os cristãos primitivos teriam sacrificado com orgulho suas vidas pela fé.

Recentemente, tivemos um episódio heroico em nossa história. Durante a ditadura militar, o jornalista Vladimir Herzog foi morto sob tortura, e os torturadores convencionaram que ele teria se suicidado. Pela tradição judaica, tendo se suicidado, ele não poderia ser enterrado no cemitério comum, mas a comunidade decidiu não o excluir nem o considerar um suicida. E, mesmo que ele tivesse se matado, os rabinos possivelmente não o condenariam. Ele não buscava a morte: o suicídio visaria escapar de uma tortura insuportável e seria a única forma para isso. Quando o corpo e a mente chegam à exaustão total, nada mais importa, desde que o sofrimento cesse.

Sobre os torturadores: estes, sim, suicidaram sua condição humana e ficaram com o pior dos instintos. Não pense o leitor que o torturador, o inquisidor, o ditador ou até o insensível tecnocrata que com uma assinatura sacrifica os direitos de muitas pessoas tenham perdido toda a sua capacidade de pensar – nesse sentido, continuam humanos. No entanto, esse pensar está em parte suicidado, o que os torna incapazes de perceber o mal que fazem a seus semelhantes. Vivem contaminados pelo ódio que dedicam a si mesmos e que é deslocado para os outros.

A fraqueza das pulsões de vida e a força das de morte já fez com que fossem queimados milhares de hereges e fossem mortos milhões de judeus, ciganos, russos brancos, curdos, índios, negros, sírios, e por aí vai. Já permitiu uma suposta "limpeza étnica" na antiga Iugoslávia e em países africanos e já estimulou a escravização de povos e nações.

Para defender ideologias, religiões ou bens materiais em nome de uma suposta "verdade", o ser humano mata sua porção humana. Por isso, há de se tomar muito cuidado com os propagadores de "verdades", que têm solução para tudo e perversamente manipulam as massas. Estas, identificadas com aquele que se diz seu "salvador", deixam que ele "pense" por elas: existem inúmeros exemplos ao longo da história da humanidade de pessoas que "suicidaram" sua capacidade de perceber, de refletir, tornando-se "rebanhos" capazes dos piores atos em relação a seus semelhantes.

Suicídios coletivos, como aconteceu entre os seguidores de Jim Jones, nas Guianas, além de outros em países como Suíça, Estados Unidos e Canadá, seguem o mesmo modelo: trata-se da busca de outra vida, em outro lugar. Há pouco tempo, nos Estados Unidos, a passagem de um cometa foi considerada um "sinal" para essa busca, de modo que dezenas de pessoas da seita Heaven's

48 FANTASIAS SOBRE O SUICÍDIO

Gate, acreditando que seriam transportadas na cauda do cometa, cometeram suicídio. Antes, separaram bagagens com passaportes e até cartões de crédito, deixados próximos a seus corpos, para usar no outro mundo. Esses exemplos mostram como não é difícil bloquear a capacidade de pensar dos seres humanos, tanto para que se matem como para que eliminem seus semelhantes.

Maria Maiolo, 16 anos, matou-se com um tiro em Fabrizia, uma cidadezinha nas montanhas da Calábria, ao sul da Itália, porque não queria se casar com um pretendente escolhido por sua mãe. A notícia de jornal prossegue: "Em prantos, a mãe lamentava a sorte de Maria, pedindo-lhe perdão e acusando-se por ter querido que a filha escapasse, através de um casamento com um empregado de uma empresa do Norte, do destino opressivo das mulheres pobres do sul do país".

Outra notícia nos conta que Gerson, 29 anos, suicidou-se em Osasco, São Paulo. Após beber descontroladamente, o operário, ao chegar em casa, despediu-se do filho, trancou-se no quarto e se matou com um tiro disparado contra o rosto. Pouco antes, chorando, havia conversado muito com seu irmão, lamentando-se por estar desempregado e dizendo não mais suportar seu filho passando fome.

Outro relato mostra que duas mulheres chinesas se suicidaram por envenenamento após terem sido surradas repetidas vezes por seus maridos por terem dado à luz meninas em vez de meninos. A notícia diz que esses foram "os mais recentes entre dezenas de casos semelhantes causados pelo severo controle de natalidade, agravado pela tradicional preferência por herdeiros do sexo masculino".

Katelyn enforcou-se em frente à câmera de seu celular despedindo-se de seus amigos e familiares. A notícia diz: "Bem maquiada e vestida com uma blusa branca e calça jeans, Katelyn diz, entre lágrimas: 'Sinto muito por não ser bonita o suficiente. Sinto muito por tudo. Eu realmente sinto muito. Mas não posso".[1] O vídeo viralizou. Se as redes sociais podem ajudar as pessoas a não se matarem, também pode ajudá-las a cometer o ato.

Nas situações descritas, não temos elementos para conhecer toda a rede de fatores envolvidos no suicídio. É evidente que os agentes externos funcionaram como se fossem torturadores, de modo que o indivíduo preferiu a morte (ou as fantasias que a envolviam) ao sofrimento, que deve tê-lo exaurido mentalmente. Os "torturadores" não foram necessariamente a mãe de Maria, a pessoa que despediu Gerson do emprego, os maridos das chinesas, a valorização da beleza física, mas a própria sociedade insensível, que condena as pessoas à opressão, ao desemprego, ao controle da natalidade e à busca obsessiva de uma beleza impossível.

---

1   VEJA.COM. *Garota de 12 anos transmite seu suicídio ao vivo no Youtube.* Disponível em: <http://veja.abril.com.br/blog/headlines/garota-de-12-anos-transmite-seu-suicidio-ao-vivo-no-youtube/>. Acesso em: 9 mar. 2017.

Psicose, luto e depressão

Qual é a relação entre doença mental e suicídio? Aproximadamente 50% das pessoas que se mataram ou tentaram fazê-lo não apresentam manifestações de doenças mentais evidentes, segundo a nomenclatura psiquiátrica clássica. No entanto, as classificações psiquiátricas modernas, mais detalhistas, facilitam o enquadramento da maioria das pessoas em alguma categoria diagnóstica. Isso pode ajudar o profissional, embora o psiquiatra experiente saiba de suas limitações: cada paciente é único e não pode ser reduzido a um diagnóstico, ainda que correto.

Os médicos e outros profissionais de saúde mental que consideram o ser humano para além de um corpo biológico valorizam os diagnósticos psiquiátricos sem deixar de atentar para o modo como a dinâmica do funcionamento psíquico se manifesta na capacidade de pensar e vivenciar os afetos, que são fenômenos não necessariamente conscientes cujas perturbações são mais acentuadas nos indivíduos potencialmente suicidas. Os conflitos emocionais são, então, resultado da interação de fatores biológicos, psicológicos e socioculturais.

A maioria dos suicídios em pessoas com transtornos mentais intensos ocorre em depressões graves, ou melancolia, e quando o indivíduo está diante da ameaça de desintegração psicótica. A psicose, ou desintegração psicótica, é um quadro de difícil descrição, pois, como a morte, só pode ser conhecida por quem a vivenciou. Todos nós vivemos alguns momentos psicóticos, na maioria das vezes sem ter muita consciência deles. Na ameaça constante de desintegração, o indivíduo perde as referências, não sabe mais diferenciar o que é mundo interno do que é realidade externa, fica confuso em relação a quem é e se sente aterrorizado, como que em vias de aniquilamento. Sua ansiedade é terrível e ele só pode combatê-la criando um mundo irreal, que, embora seja criação sua, é melhor que o nada. Nesse momento, surgem os delírios e as alucinações. Contudo, quando há ameaça de desintegração, o sofrimento é tão intenso que o suicídio passa a ser fuga, às vezes a única visível. Novamente, o suicida não está procurando a morte, mas fugindo de algo aterrorizante. O caso assemelha-se ao do torturado, que também acaba caindo numa ansiedade psicótica, incontrolável, causada por agentes externos.

Algumas vezes, ainda em quadros psicóticos, o indivíduo sente-se perseguido por inimigos internos que projeta no meio externo. Essa perseguição, em que ele ouve vozes e se sente ameaçado por fatos imaginários, somada à ameaça de desintegração, pode levar a atos autodestrutivos para escapar dos inimigos e do sofrimento. Em muitos pacientes desse tipo, a doença mental subjacente é a chamada esquizofrenia, mas, evidentemente, pessoas com tais sintomas ou comportamentos devem procurar ou ser levadas a um psiquiatra rapidamente: será esse profissional quem efetuará o diagnóstico e indicará os tratamentos adequados.

Há de se atentar para casos em que o paciente se recusa a procurar o profissional ou atribui o seu estado a fatores sobrenaturais. Muitas vezes, o indivíduo não tem consciência de sua doença, de modo que poderá imaginar que as pessoas que insistem para que ele se trate fazem parte de uma conspiração que deseja prejudicá-lo. Nessas situações, o psiquiatra saberá o que fazer e, por vezes, terá de solicitar o auxílio da justiça, já que existem leis que protegem o paciente tanto da autodestruição (ou de atacar outras pessoas) como de tratamentos inadequados.

Outros pacientes vivenciam sintomas depressivos. Aqui, devemos lembrar que tristeza é a reação normal diante de uma perda. Podemos perder um ente querido que faleceu; podemos perder um amigo que se mudou para longe ou nos decepcionou; podemos perder um emprego ou uma oportunidade. A perda pode ser de um bem, de um encontro, de um amor ou de algo que não tínhamos, mas que desejávamos e agora sabemos que será impossível obter. Inicialmente, nossa mente investe o bem ou pessoa querido de importância, constituindo uma ligação emocional com ele. Quando ocorre a perda, principalmente se for brusca, essa ligação ou esse investimento tem de se desfazer, o que trará sofrimento ao indivíduo, que não sabe o que fazer com essa energia livre. É como se, por muito tempo, vivêssemos num mundo constituído de determinada forma e de repente ele mudasse, deixando-nos desorientados. Ou, em outra analogia, é como se "caminhássemos" emocionalmente contando com determinadas estruturas, e uma delas, mais ou menos importante, faltasse. O resultado será um desequilíbrio, uma ameaça de queda, até que possamos nos reequilibrar com as estruturas restantes, readaptá-las em seu funcionamento e/ou encontrar outras que substituam a perdida, de modo que, logo após a perda, o melhor é ficar parado para não cair.

É mais ou menos isso que faz a nossa mente. Após a perda, ela precisa de algum tempo para poder se acostumar, readaptar-se. Nesse período, ocorre o que chamamos processo de luto. O bem ou a pessoa perdida, que já não existe na realidade, toma conta da mente do indivíduo. É como se relutássemos em admitir a perda, ou como se a mente, num processo similar à inércia, fosse forçada a reter dentro de si aquilo que foi perdido. O morto ou o perdido é lembrado, podemos visualizá-lo, criar fantasias, dialogar com ele etc. Ele é tratado dentro de nossa mente como se ainda, em parte, existisse. Aos poucos, porém (e só o tempo cura o luto), essas imagens e pensamentos vão se esvaindo, e o indivíduo – antes triste, arredio, voltado para dentro de si – passa, lentamente, a se interessar pelo mundo, por outras pessoas, pela vida, e após algumas semanas ou meses retoma sua vida normal. Poderá, às vezes, lembrar-se do que perdeu, entristecer-se, mas com pouca dificuldade será capaz de afastar esses pensamentos, ligando-se a coisas novas. É assim que ocorre o luto normal.

Mas tanto no luto normal quanto – e principalmente – no patológico pode-se passar pelas mais variadas vicissitudes, que o prolongam, tornam-no mais intenso ou sofrido, ou, em casos extremos, levam a quadros doentios, como a depressão severa ou melancolia.[1] A maioria dessas vicissitudes processa-se em camadas inconscientes, isto é, o enlutado não sabe o que está de fato ocorrendo em sua mente, ainda que perceba seu mal-estar.

Uma dessas vicissitudes é a agressividade em relação à pessoa perdida. Vejamos, como exemplo, o luto pós-morte. É comum

---

1   O termo melancolia quase não é mais usado na psiquiatria atual; embora ainda faça sentido na linguagem corrente, atualmente fala-se em transtorno depressivo grave.

e normal que também tenhamos sentimentos negativos pelas pessoas queridas. Quando esses sentimentos aparecem conscientemente, são equilibrados pelos positivos, de modo que, na somatória geral, podem passar despercebidos. Já em outras ocasiões, essa ambivalência, essa luta entre sentimentos positivos e negativos, é bem clara. Não raro, por trás dos afetos podem existir desejos de morte inconscientes (e às vezes até conscientes) em relação à pessoa próxima, sentimentos que provocam culpa e são, por isso mesmo, reprimidos. Quando alguém próximo morre, às vezes, os sentimentos de culpa em relação a ele emergem; é comum que, por não saber precisamente o motivo da culpa, o sobrevivente acabe se punindo. Em certas ocasiões, acredita que a causa desses sentimentos culposos é não ter tratado melhor a pessoa em vida, não lhe ter satisfeito alguns desejos, não lhe ter compreendido etc. Isso é comum e normal. Quando o morto foi um doente crônico ou que sofria muito (e causava transtornos ao ambiente), o desejo de que a pessoa morresse logo para que parasse de sofrer (e causar sofrimento) pode também proporcionar remorso. Esse sentimento se torna sério quando o sobrevivente, geralmente de forma inconsciente, passa a acreditar que foi seu desejo que causou a morte do outro. É um pensamento fantasioso que persiste nas profundezas da mente das pessoas. Nas crianças, isso é mais visível, e não raro elas se acham responsáveis pela morte, pela doença ou pela separação dos pais, principalmente se esses episódios ocorrem em fases do desenvolvimento infantil em que sua agressividade natural em relação aos pais está exacerbada – por exemplo, em períodos edípicos. Muitas dessas crianças, se não se sentirem amadas, tenderão a se sentir más, culpadas, pelo resto da vida, punindo-se a ponto de não poderem usufruir da vida. Em alguns casos, os próprios pais, sentindo a criança como uma carga, estimulam essa culpa e essa responsabilidade nos filhos.

56   PSICOSE, LUTO E DEPRESSÃO

Evidentemente, a culpa decorrente do sentimento de responsabilidade pela morte de alguém pode levar à necessidade de autopunição. Isso é tão comum que, nos rituais de luto de algumas culturas, o enlutado se flagela, rasga suas vestes, cobre a cabeça de cinzas, maltrata-se de forma clara ou mascarada. Esses atos não são apenas uma demonstração de tristeza: constituem também formas de autopunição.

Outras vezes, tem-se a raiva do morto simplesmente porque ele morreu! Porque nos deixou sós, sem companhia ou amor, com problemas financeiros, frustrados etc. Nossa mente, novamente funcionando de maneira arcaica, atribui a responsabilidade da morte ao próprio morto. É verdade que, por vezes, essa mente arcaica pode ter intuído algo sutil: não é raro que o indivíduo tenha de fato contribuído de alguma forma para sua própria morte, que suas pulsões de morte tenham sido facilitadas por seus próprios conflitos. Isso é mais evidente em pessoas que não dão atenção à própria saúde, não se tratam, em alcoólicos e usuários de drogas, em pessoas que se acidentam propositalmente etc., sem mencionar os casos de suicídio consciente, o caso extremo, já que o suicida, de alguma forma, sabe que causará transtornos aos vivos – e, por isso, o luto diante de uma perda por suicídio costuma ser bastante complexo.

Quando a culpa inconsciente pela morte de alguém predomina, o processo de luto se complica, torna-se patológico, e a necessidade de punição, de castigo, pode conduzir a ideias suicidas.

Freud assinalou que, na melancolia, a "sombra" da pessoa perdida cai sobre o ego, isto é, o sobrevivente se identifica com o morto, não só com suas facetas positivas, mas também com as negativas, por vezes produto da projeção de aspectos do próprio enlutado no morto. Pode haver então, dentro da mente do enlutado, uma espécie de "entidade" má, raivosa, resultado de sentimentos negativos, e ele passa a se sentir dominado e culpado. Essa experiência pode ser muito intensa, ameaçadora, impedindo que o enlutado siga sua vida por se sentir "mau", com ódio e com muita culpa. Assim, a ideia de suicídio pode surgir como uma maneira de se livrar desses sentimentos, de matar essa culpa dentro de si.

Mas nem sempre esse tipo de suicídio é consciente. Em uma notícia de jornal, um sensível repórter relata que o caseiro Donizeti, de 37 anos, "sucumbiu a um amor obsessivo". Abandonado pela mulher, com quem vivera quinze anos, prometera: "se ela não voltar, prefiro morrer". O texto informa:

> *Parou de comer há três meses e meio, uma greve de fome temperada pelo delírio do abandono e a esperança de retorno [...] Nos primeiros dias após o abandono, Donizeti conduziu uma busca obsessiva. Sem sucesso, ingressou num estado traumatizante, de onde não conseguiu sair. Donizeti morreu. O atestado de óbito prudentemente não vai informar. Mas o caseiro, como numa história dramática e ultrarromântica, morreu de amor [...] "Um policial, que atendeu a ocorrência, definiu como morte natural", recorda o pai. E complementa: "Não foi isso não. Ele morreu desgostoso, de saudade. O Donizeti era muito amoroso".*

Nessa situação, temos um quadro melancólico que redundou no que pareceria ser uma morte natural. Na verdade, Donizeti viveu um luto patológico, e poderíamos afirmar que se suicidou de modo inconsciente, isto é, a morte – independentemente da causa

58 PSICOSE, LUTO E DEPRESSÃO

biológica – foi estimulada pelo quadro depressivo grave. Possivelmente, antes da decepção amorosa, Donizeti já demonstrava uma sensibilidade exacerbada a perdas, decorrente de fatores biológicos e de experiências de sua infância.

Por vezes, o quadro clínico de depressão severa com aspectos persecutórios não é acompanhado de uma perda real, visível ao observador. Trata-se quase sempre de perdas da infância precoce, revividas inconscientemente a partir ou não de um desencadeante externo. Fatores constitucionais e biológicos predispõem algumas pessoas a esse quadro, chamado pela psiquiatria de transtorno depressivo maior, uma subdivisão dos chamados transtornos afetivos. Quando existe alternância entre quadros depressivos e fases de euforia, possivelmente estamos diante do transtorno afetivo bipolar, até há pouco tempo chamado de psicose maníaco-depressiva. Esses transtornos têm um certo componente genético, de modo que pode ser encontrado também em familiares do paciente. Por vezes, existe um ou outro suicídio na família, decorrente da presença desse transtorno. Em outras palavras: o ato suicida em si não tem fator genético associado, mas o transtorno afetivo pode ter.

Vejamos outro exemplo de transtorno depressivo. Joana nunca gostou de ter nascido mulher e admirava a liberdade e iniciativa dos homens. Sequer admitia se casar ou ter filhos. Mas sentia-se bem com seu namorado, sabia que ele a amava, a despeito das muitas vezes em que quis deixá-lo para se sentir mais livre. Sua vida sexual era satisfatória, e um dia, sem que houvesse planejado, engravidou. O namorado quis se casar, mas ela terminou o relacionamento e mudou de cidade para que ele não pudesse mais encontrá-la. Tentou abortar com chás e remédios aconselhados por vizinhas, sem ter coragem de procurar uma parteira, médico ou alguém que de fato soubesse fazer um aborto. Passou toda a gestação sofrendo, chorando muito. Pensava e sonhava com a criança, mas muitas vezes desejava que não nascesse, que estivesse morta. Esta, Cibele, nasceu fraquinha, de um parto complicado, e não conseguia pegar no peito. Joana quis dar a criança, mas pouco antes da doação, "sem saber por quê", arrependeu-se. Foi morar com uma amiga solteira que trabalhava à noite e se alternava nos cuidados de Cibele, que por sua vez vivia doente e chorava muito, sem deixar que Joana descansasse e dormisse após um dia de trabalho atarefado. Joana muitas vezes pensava, chorando, que não devia ter tido essa filha, que devia ter abortado ou dado a criança a alguém. Em certos momentos, quando Cibele não parava de chorar, perdia a cabeça e batia na filha. Depois, mais calma, se arrependia, vivendo sempre em conflito, desesperada.

Uma noite, Cibele, já com 4 meses, estava febril e não parava de chorar. Joana, cansada, exasperou-se e deu-lhe uma surra. A criança se acalmou e dormiu. Na manhã seguinte, Joana a encontrou meio abatida, mas, mesmo assim, foi trabalhar, pois já tinha várias faltas no serviço. À tarde, Cibele estava ainda pior, e Joana, assustada, levou-a a um pronto-socorro. Lá, foi diagnosticada com uma infecção já complicada, com septicemia, e morreu depois de algumas horas.

O leitor não precisa condenar Joana, ela mesma se condenou – sem conseguir parar de pensar na filha, entrou num processo melancólico e parou de comer e de dormir. Sentia-se má, horrorosa, "uma bruxa", e foi definhando aos poucos. Achava que seu crime era tal que devia morrer; pedia a morte e pensava em se matar. De fato, Joana já estava se matando: a falta de comida a levou a ter tuberculose. Foi levada à força ao médico, que a internou. Pude conhecê-la no hospital: não queria ajuda e chegou a tentar se jogar da janela.

60 PSICOSE, LUTO E DEPRESSÃO

Em Joana, vemos a culpa pelo desejo de morte e, infelizmente, em Cibele, notamos uma possível percepção de ser uma carga para a mãe, de modo que talvez tenha contribuído para sua própria morte, numa espécie de suicídio inconsciente.

Façamos uma pausa: as crianças percebem, e muito, quando são amadas e quando são uma carga, quando são rejeitadas. No segundo caso, por analogia com o pensamento adulto, em suas cabecinhas só pode passar a ideia de que "se quem eu mais amo e de quem mais preciso não me quer, é porque eu sou má. E, se eu sou má, devo me punir". A percepção dos desejos de morte por parte dos pais faz com que elas adoeçam e morram, ou mesmo tentem o suicídio. Essas tentativas normalmente passam por acidentes, mas o componente suicida pode ser bem claro. Em outros casos, essas crianças crescem melancólicas e sentindo-se perseguidas; se não tiverem a sorte de usufruir de outras experiências melhores em suas vidas, tenderão a comportamentos autodestrutivos quando adultas.

É evidente que o leitor, atento à multicausalidade de nossos mecanismos mentais, deve avaliar com cautela qualquer analogia que perceba entre as situações aqui relatadas e suas vivências pessoais. As experiências do leitor são peculiares, individuais, e a ajuda de um profissional poderá esclarecê-las. Lembremo-nos de que, infelizmente, a percepção de nossos próprios processos inconscientes não é comum nem fácil.

Mas retornemos a Joana. Ao mesmo tempo que ela teve desejos de morte em relação a Cibele, também queria que ela vivesse. Afinal, ela a gerou, não a abortou – e poderia tê-lo feito – nem a doou. Na verdade, a ambivalência que sentia entre os desejos de ter um filho e de não ter era intensa, e era isso que lhe causava conflitos e sofrimento. Podemos supor que se os desejos de não ter um filho fossem muito intensos, talvez Joana nem engravidasse, ou, se engravidasse, um aborto natural ou provocado resolveria o problema, com um mínimo de sofrimento.

A depressão, a culpa, a necessidade de punição eram consequências da ambivalência. Nas fantasias de suicídio de Joana, encontrei outros componentes: desejo de destruir seus impulsos assassinos, desejo de autopunição, desejo de destruir seus impulsos sexuais, sentidos como maus e culposos, e... desejo de reencontro com Cibele.

Aqui temos uma das fantasias mais comuns, não só nos suicidas e melancólicos, como também nas pessoas enlutadas e em qualquer um que sofra uma perda. Existe uma fantasia de que, em outro lugar, em outro mundo, reencontraremos as pessoas mortas, queridas, e ali viveremos felizes. Essa fantasia se confunde com a de encontro ou reencontro com Deus, a de entrada no paraíso, a de retorno ao seio ou útero materno, já tratadas aqui.

No fenômeno do *suttee,* na Índia, isso ficava bem claro. As viúvas eram queimadas vivas junto do corpo de seus maridos, e a vida continuaria em outro lugar. Nas Novas Hébridas, quando morria uma criança, a mãe ou outra mulher devia morrer também para cuidar dela. O mesmo entre os gisu, de Uganda: as mães se suicidavam após a morte de seus filhos. No Japão, até o século XVIII, os vassalos se suicidavam após a morte de seu líder, para acompanhá-lo. Nas Ilhas Salomão, as esposas disputavam qual delas teria a honra de ser enterrada com seu marido e chefe morto. Esse costume foi encontrado em várias culturas, como entre os antigos trácios e os rus' da Escandinávia.

Em nossa sociedade, isso não ocorre de forma tão evidente, mas existem três formas mascaradas de morte com as mesmas motivações: uma é o suicídio de pessoas enlutadas, melancólicas. Outra é o luto patológico, em que o sobrevivente não consegue se "desligar" do morto e passa a viver só de recordações, às vezes mantendo hábitos e objetos como se o morto não estivesse ausente. Nesse caso, vive-se como um semimorto, longe do mundo e em uma espécie de "companhia" do morto. É normal que isso ocorra durante o processo de luto, mas torna-se patológico se persistir por muitos meses após a perda. A terceira forma, mais dissimulada, é a morte natural que ocorre pouco tempo após a perda de pessoas queridas, quando o indivíduo perde a vontade de viver e termina por morrer naturalmente ou após uma doença. É o caso de Donizeti, que vimos anteriormente. O povo – leigo, mas sábio – diz que a pessoa morreu porque não tinha mais motivos para viver. A ciência oficial, racional, atesta que a causa foi pneumonia ou parada cardíaca. É evidente que o fator afetivo influi nessas mortes, e a fantasia de reencontro com o companheiro deve ser uma das motivações inconscientes, mas, se considerarmos que, entre a população geral, as taxas de mortalidade entre viúvos e viúvas no primeiro ano após a morte do parceiro são maiores que o esperado, casos como o de Donizeti, de morte natural após a perda de uma pessoa querida, podem ser considerados suicídios inconscientes.

Os seres humanos, principalmente os artistas e os poetas, sabem que é possível morrer de desgosto, de amor; que o coração "partido" mata, que as pessoas "se roem" de inveja ou remorso (e seus órgãos são roídos), que definham de tristeza e que a mágoa pode acabar com a vontade de viver. O banzo dos negros escravos era a melancolia pela perda de sua terra e liberdade e levava ao suicídio. Em certos grupos africanos, o indivíduo que transgredia um tabu simplesmente se deitava e morria de uma morte falsamente "natural", isto é, a morte era uma autopunição. Entre nossos índios tupinambás, como em outros grupos, a pessoa condenada pelo feiticeiro morria, aterrorizada, também de forma supostamente natural. Nesses exemplos, percebemos a força das pulsões de morte, em que mecanismos psíquicos levam a um suicídio inconsciente disfarçado de morte natural. Mas tanto o indivíduo que morre como seus iguais sabem o porquê da morte.

Em nossa cultura, a culpa está presente em muitos suicídios. Vimos isso já no estudo da melancolia. O suicídio de Santos Dumont, em 1932, embora tenha sido de uma complexa multicausalidade, teve como desencadeante a culpa ao ver seu invento usado para bombardear pessoas. Mesmo que nós percebamos que sua culpa era absurda, o evento deve ter reforçado outros conflitos inconscientes.

O homicídio precipitado pela vítima

Uma notícia de jornal revela que Antônio, 53 anos, matou seu filho Pedro, de 25, quando este, sob efeito de drogas, atacou a mãe e os irmãos, ameaçando matá-los com um machado. O pai chegou nesse momento e tentou conter o filho, que se voltou contra ele, avançando em sua direção. Desesperado, Antônio pegou o revólver que guardava para se proteger de assaltantes e atirou no filho, que ficou gravemente ferido. Em seguida, o socorreu, mas Pedro acabou falecendo depois de algumas horas, no pronto-socorro.

Pedro já havia causado sérios transtornos para si mesmo e para sua família sob o efeito de drogas. Fora internado várias vezes e os pais continuavam a acolhê-lo em sua residência, buscando novos tratamentos na esperança de que algo mudasse. Antônio foi preso em flagrante, mas, após alguns dias, foi libertado graças a uma medida judicial.

66 O HOMICÍDIO PRECIPITADO PELA VÍTIMA

Um mês depois, o mesmo jornal dá outra notícia: Antônio morreu. O repórter, após entrevistar parentes e vizinhos, nos conta que, depois da morte do filho, Antônio passou a não comer e não dormir, lamentando-se, culpado, por ter atirado em Pedro. Muitas pessoas tentaram consolá-lo e ele até chegou a ser socorrido por equipes médicas, mas elas não encontraram nada de importante do ponto de vista somático. Antônio foi encontrado morto em sua cama sem que houvesse qualquer explicação para o fato.

O leitor provavelmente já percebeu que Antônio desenvolveu um quadro melancólico, fruto da culpa e da identificação com o filho que matou, matando a si mesmo. Mas detenhamo-nos em Pedro. De certa forma, ele provocou sua morte ao não deixar outra saída para seu pai, que precisava proteger o restante da família. Possivelmente, Pedro já havia se colocado muitas vezes em situações perigosas e corrido riscos de vida pelo uso de drogas.

Euclides da Cunha, o autor do clássico *Os Sertões*, também pode ser visto como alguém que provocou a própria morte, ao desafiar para um duelo o amante de sua esposa, um exímio atirador. Sabemos que Euclides da Cunha era uma pessoa melancólica e não podemos descartar que seu ato se constituiu numa espécie de suicídio, com o detalhe de que escolheu outra pessoa para matá-lo.

No "homicídio precipitado pela vítima", portanto, a vítima não efetua diretamente o ato suicida, mas estimula alguém a matá-la. A pessoa se coloca em situações de risco, frequentando locais perigosos ou desafiando pessoas agressivas, por exemplo. Sabemos que a maioria dos homicídios ocorre dentro das famílias e, por vezes, verificamos que a vítima intuiu uma forma de fazer com que o futuro homicida "perdesse a cabeça" e o matasse, ou o agredisse até matar. É evidente que não podemos generalizar essas situações, correndo o risco de culpabilizar a vítima. Sem dúvida, existem homicídios e violências causados por pessoas malvadas ou perturbadas sem que a vítima as tenha provocado.

Outra situação, cada vez mais comum em nossa sociedade, é o homicídio de jovens provocado por lutas de gangues, quadrilhas, traficantes e pela polícia. Nessas situações, podemos identificar vários tipos de vítimas: a) jovens com componentes melancólicos; b) jovens com características impulsivas, com dificuldade de pensar, que deslocam seus conflitos para a área social; c) jovens que, durante a época da resolução de seus conflitos, próprios da adolescência, são vitimizados pela sociedade e vivem em locais violentos, sem oportunidades, tendo que "provar sua coragem", submeter-se a líderes carismáticos, por idealização ou mesmo por medo, e enfrentar por meio de mecanismos de negação a tomada de consciência da própria morte.

Portanto, devemos considerar o papel da sociedade, como um todo, ao colocar seus membros em situação de risco, aumentando as chances de serem assassinados, drogados, linchados, acidentados e alienados, sem oportunidade de crescimento pessoal e profissional. Muitas vezes, para se sentir vivo, ser alguém, o jovem se liga a uma organização criminosa na qual se sente respeitado e cuidado. Isso é cada vez mais comum entre nossas populações.

Reações de aniversário

Um bom exemplo do poder de nossa mente e de nossas pulsões de morte são as reações de aniversário, fenômeno que reconheci na clínica por meio da psicanálise. Carlos teve seu segundo infarto do miocárdio aos 42 anos, e já tivera um anterior aos 35. Seu cardiologista já havia percebido a influência de seu estado emocional na produção de suas doenças e o enviara a um psiquiatra quando teve o primeiro infarto, mas ele preferiu não ir. Então, ao ter o segundo, Carlos me procurou, assustado, e contou que seu pai morrera de infarto aos 42 anos. Durante o tratamento, descobrimos que seus dois infartos haviam ocorrido no mês de fevereiro, um no início do mês (ele não lembra a data exata) e outro no dia 11 de fevereiro, exatamente no dia do aniversário de morte de seu pai. Note-se que seu segundo infarto ocorreu quando tinha a mesma idade que seu pai ao falecer.

Nas reações de aniversário, a pessoa inconscientemente mobiliza conflitos relativos aos processos de luto, em razão de

70   REAÇÕES DE ANIVERSÁRIO

identificações com figuras importantes do passado. Os conflitos são reativados no aniversário ou próximo ao aniversário de morte dessas figuras. São miniprocessos melancólicos, com todas as suas consequências, e que se processam de modo inconsciente. Algumas vezes, o fenômeno ocorre não num aniversário de morte, mas quando se atinge a mesma idade que a pessoa com quem ocorreu a identificação tinha ao morrer. Com Carlos, houve coincidência de data e de idade, além da identificação com a doença do pai. As reações de aniversário também podem ocorrer quando o filho de determinada pessoa atinge a idade que essa mesma pessoa tinha quando um de seus pais faleceu. Por exemplo, Neide entrou num processo depressivo intenso, sem saber o motivo, quando tinha 36 anos e sua filha mais velha acabara de completar 8. Investigando, descobrimos que Neide perdera sua mãe aos 8 anos e que a mãe adoecera justamente no dia do aniversário de Neide. Ela se identificou com a filha, e sua depressão começou com uma crise de choro, inexplicável, durante a festa do oitavo aniversário da menina.

O estudo das reações de aniversário revela facetas curiosas. Muitas doenças, crises e mortes repentinas têm relação com esse fenômeno: três dos quatro primeiros presidentes norte-americanos morreram em um 4 de julho – dia da independência dos EUA – e, destes, dois, Thomas Jefferson e John Adams, que assinaram a Declaração de Independência, morreram no ano em que ela completava 50 anos. Winston Churchill morreu exatamente no dia do aniversário da morte de seu pai, que tanto o influenciara.

Tenho me interessado pela vida de Álvares de Azevedo, que morreu com 20 anos e 7 meses. O poeta adoeceu durante as férias do quarto para o quinto ano de seu curso de Direito e já pressentira a morte e o ano em que morreria. Nos dois anos anteriores, haviam falecido dois colegas quintanistas. Azevedo fez a oração fúnebre do segundo e estava certo de que o seguiria. O mais interessante é que, em sua mente, nunca conseguira libertar-se das lembranças e dos sentimentos relativos à morte de seu irmão mais novo, quando o poeta tinha 4 anos. Posso supor que, por identificação com o irmão morto, Azevedo tenha sentido que deveria morrer junto com ele, de modo que não teria sido fácil chegar aos 5 anos de vida. Anos depois, circunstâncias fazem com que dois "irmãos" de faculdade morram, o que mobiliza seus conflitos, e, agora sim, Álvares de Azevedo não consegue "passar do quarto ano". Essas hipóteses são baseadas em histórias similares analisadas a partir do método psicanalítico.

A obra de Álvares de Azevedo se relaciona intimamente com sua percepção inconsciente de morte. No poema "Se eu morresse amanhã", escreveu:

> *Se eu morresse amanhã, viria ao menos*
> *Fechar meus olhos minha triste irmã;*
> *Minha mãe de saudades morreria*
> *Se eu morresse amanhã!*

O poeta imagina a reação dos outros à sua morte. Penso que, em fantasia, reencontraria sua mãe que "morreria de saudades". Infelizmente, dois anos depois, a própria irmã o segue, triste com a perda do irmão.

Suicídios intencionais também ocorrem como reações de aniversário, e na maioria das vezes o indivíduo não tem consciência de que o conflito que vive foi mobilizado pelo calendário. A atriz Jean Seberg, que morreu por suicídio em 1979, tentava se matar a cada aniversário do parto prematuro de sua filha. Jean perdeu a criança com sete meses de gestação, e o trabalho de parto teria sido desencadeado pela leitura nos jornais de que ela era amante de um dos líderes dos Panteras Negras. Soube-se depois que essas notícias haviam sido plantadas na imprensa pelo FBI, numa tentativa de arruinar a reputação da atriz, que apoiava o movimento negro. A modelo Margaux Hemingway se matou na mesma data em que, anos antes, se matara seu famoso avô, o escritor Ernest Hemingway. Jureia, uma jovem de 25 anos, tentou se matar num dia 2 de novembro, durante uma depressão aparentemente relacionada a seu abandono pelo marido, que a deixara dois meses antes. Descobrimos depois que dez anos antes, nessa mesma data, seu namorado de então cometera suicídio.

Lembramos que no dia 2 de novembro celebra-se o Dia de Finados, uma data que pode mobilizar conflitos por lutos mal resolvidos. Outra data importante que costuma exacerbar conflitos é a Sexta-Feira Santa, quando, às vezes, pessoas religiosas se identificam com Cristo ou com seus algozes. Podemos propor o nome "síndrome de Cristo" a situações em que pessoas acreditam que morrerão aos 33 anos, como Jesus. Também no Natal muitos conflitos são mobilizados, relacionados tanto à concepção e ao nascimento quanto à ausência de pessoas queridas que estavam presentes em natais anteriores. Entre os judeus, o Yom Kipur, dia do perdão, pode inconscientemente desencadear necessidades de autopunição. O próprio jejum a que os fiéis se submetem pode ter esse simbolismo, ainda que a religião proíba as pessoas de atos suicidas.

De qualquer forma, a existência dessas datas é positiva e importante, pois elas permitem que, com a ajuda da sociedade, da religião, de rituais e costumes, conflitos e sentimentos reprimidos se tornem conscientes e, assim, possam ser mais bem elaborados e até resolvidos. As cerimônias fúnebres, as missas anuais pelos mortos – bem como, evidentemente, as comemorações de alegrias – têm também essas funções psicológicas.

Sexualidade, velhice e fantasias suicidas

Vimos, até aqui, vários mecanismos e fantasias ligados aos atos suicidas. O leitor talvez já tenha percebido que não devemos considerar o suicídio de forma isolada, sem levar em consideração as pessoas que se suicidam, tentam suicídio ou que procuram a morte de modos mais sutis. Existirão, portanto, tantas fantasias ou tantos complexos de fantasias suicidas quanto pessoas que assim agem ou pensam.

Recordamos que, subjacente ao ato suicida, existe a fantasia de outra vida, de um paraíso, do encontro com Deus, de outro mundo cheio de riquezas ou delícias, do reencontro com pessoas queridas que morreram, da volta ao seio materno. Pode haver também, conforme já vimos, o desejo de punição, de castigo, de destruir impulsos assassinos, de eliminar impulsos sexuais culposos, além do desejo de vingança, de proporcionar culpa, de causar sofrimento aos outros e à sociedade. Lembramos, ainda, que todas essas fantasias são, quase sempre, inconscientes.

Detenhamo-nos agora um pouco nas fantasias relacionadas à sexualidade. O sexo, por aspectos psicológicos e sociais, é comumente visto como algo mau, que deve ser controlado e reprimido. A culpa pela sexualidade está muito ligada a fatores resultantes das vicissitudes do desenvolvimento psicológico do ser humano, principalmente na elaboração dos complexos edípicos, e é usada pela sociedade com finalidades variadas. A despeito da aparente liberalização dos costumes – e, muitas vezes, por causa dela –, os conflitos na área sexual são comuns, e sua intensidade e seu grau de resolução dependerão de cada indivíduo. Quando os impulsos sexuais são sentidos como perigosos, consciente ou inconscientemente, a mente usa certos mecanismos para lidar com eles, mais ou menos adequados. Considerando que a origem da civilização estaria na energia gerada por esses impulsos, o ideal seria que eles simplesmente não fossem sentidos como perigosos, podendo ser utilizados de maneira prazerosa e criativa, tanto para o indivíduo como para a sociedade.

Porém, a sexualidade muitas vezes é vivenciada de forma bastante conflitiva, principalmente na criança e no adolescente, e é possível que esses conflitos permaneçam na vida adulta. As sociedades sempre souberam como reprimir suas juventudes. A masturbação, por exemplo, é frequentemente considerada como algo culpável, podendo fazer o jovem se sentir desprezível, humilhado, mau, doente, com sentimentos de culpa intensos. Ainda hoje, o leitor encontrará livros sobre "educação" sexual que detalham todos os malefícios da masturbação. Já não se chega ao ponto de escrever que ela amolece o cérebro ou faz nascerem pelos nas mãos, mas se "demonstra" como o indivíduo se prejudica, como ele se torna responsável por um crime contra a natureza. Essas informações, também usadas pelas religiões, são erradas e absurdas.

Um adolescente que não elaborou adequadamente seus conflitos infantis poderá sentir uma necessidade premente de autopunição e castigo, tanto por suas fantasias sexuais como pela masturbação. Fantasias ou desejos sexuais em relação a pessoas proibidas podem surgir em sonhos ou na vigília, exacerbando o sentimento de culpa. Um adolescente normal ultrapassa essas etapas com certa facilidade, mas há os que poderão cair no ascetismo – isto é, na fuga de qualquer prazer –, o que implica um suicídio parcial, ou no suicídio propriamente dito. Em alguns casos, encontramos a mutilação genital ou de órgãos com valor simbólico similar.

Há notícias de uma síndrome em que rapazes se enforcam, às vezes com roupas femininas, durante atos masturbatórios. Na realidade, pouco se sabe desses casos, mas é possível que o jovem perturbado esteja se punindo num ato masoquista, flagelando-se por suas fantasias sexuais, e, durante o êxtase – aumentado pela anóxia (falta de oxigenação) cerebral –, pode perder o controle. No filme *O império dos sentidos*, de Nagisa Oshima, há um bom exemplo de como essa anóxia pode aumentar o prazer sexual. Nas redes sociais e nas escolas, virou moda o autossufocamento de jovens em uma espécie de desafio à morte. O prazer de sobreviver heroicamente e ser admirado pelos demais faz parte do processo adolescente, mas, evidentemente, o perigo de perda de controle existe, ainda mais porque o sufocamento provoca excitação sexual. Essa parte da brincadeira não é publicada.

Pensamentos e tentativas suicidas podem decorrer da vontade de eliminar as fantasias e os desejos sexuais sentidos como insuportáveis. O corpo, por trazer tanto prazer e culpa, terá de ser destruído. Aos 14 anos, Eduardo deu um tiro de revólver em sua têmpora, mas sobreviveu. O tratamento psicanalítico mostrou que ele tinha um sentimento de culpa intenso, fruto de fantasias edípicas exacerbadas por uma mãe sedutora que, inconscientemente, estimulava as fantasias do filho, e de fantasias homossexuais em relação ao pai, a quem pertencia o revólver.

O leitor talvez esteja surpreso e veja o exemplo de Eduardo como uma "perversão". No entanto, fantasias sexuais e agressivas são similares em todos os indivíduos, ainda que de forma inconsciente. O que diferencia uma pessoa de outra mais ou menos sadia é a intensidade e os mecanismos envolvidos nos conflitos de que essas fantasias são resultantes.

A exacerbação sexual pode ser sentida com mais culpa por homossexuais, principalmente quando a própria sociedade manifesta aversão à homossexualidade. Felizmente, isso tende a mudar, de modo que o homossexual possa se ver – e ser visto pela sociedade – como um ser humano como qualquer outro. Devemos lembrar que ninguém opta por ser homo, bi ou heterossexual. A sexualidade é algo que vem de dentro, e a pessoa tem de aprender a conviver com seus impulsos, impulsos que ela não escolheu.

Não devemos nos esquecer, também, que o jovem que está entrando em contato com sua sexualidade se defronta com diversas fantasias sexuais, incluindo homossexuais, e que isso faz parte das vicissitudes da busca pela própria identidade, a qual será definida apenas com o tempo. Mas, independentemente da orientação sexual, se uma pessoa sente que sua sexualidade é muito incômoda, ela deve buscar ajuda profissional.

Tratemos agora da menopausa e da andropausa, fases da vida em que os conflitos sexuais podem exacerbar-se. Embora em algumas mulheres possa ocorrer um aumento do desejo, a decadência das funções sexuais pode contribuir para processos melancólicos. Alterações hormonais são fatores coadjuvantes, mas, na maioria dos casos, deles decorre uma série de desencadeantes psicológicos, como o sentimento de fim da feminilidade, de que não se é mais mulher porque se perdeu a capacidade de reprodução. Na verdade, não há relação biológica entre essa capacidade e o desejo sexual, e a maioria das pessoas utiliza mecanismos suficientes para que não ocorra sofrimento. Há, porém, as que passam a se sentir não atraentes e perdem o ânimo de viver.

Outros fatores coadjuvantes à menopausa e à andropausa se relacionam ao fato de os filhos estarem crescidos e abandonando o lar. Essas situações são sofridas principalmente para mulheres cujo único objetivo na vida foi cuidar dos filhos, de modo que um vazio existencial se impõe. Em alguns casos, a laqueadura de trompas (obstrução artificial das tubas uterinas) com finalidade de esterilização pode levar a fenômenos similares se a mulher não estiver preparada psicologicamente. É como se ela, inconscientemente, matasse todos seus filhos em potencial e sua feminilidade.

Se a mulher vivenciou, em sua história passada, outras perdas que a predispuseram à melancolia, a probabilidade de esse quadro psicológico se manifestar é maior. Muitas vezes, não é a decadência da sexualidade que contribui para a depressão, mas é a depressão que dificulta a sexualidade.

Irene tem 55 anos e me procurou melancólica, com ideias suicidas intensas. Não tem mais vida sexual porque se acha velha. Ela mesma percebeu que seus sintomas se iniciaram quando sua filha se casou com um rapaz de quem ela não gostava e mudou-se para outra cidade. Irene perdeu a mãe quando ainda era criança, e a avó, que também cuidava dela, morreu alguns anos depois. Por toda sua vida, Irene sentiu falta de carinho; segundo descreve, sofria um "vazio" constante. Tal vazio foi preenchido só em parte por seu marido, mas cessou quando nasceu sua filha, a quem se dedicou de maneira exagerada. Essa superproteção fez com que a filha, numa tentativa de libertação, se indispusesse com ela e fosse morar longe.

Proporcionalmente, é na velhice que ocorre o maior número de suicídios. Muitos dos fatores descritos anteriormente se acentuam em razão da solidão, da sensação de se tornar uma carga, da incompreensão dos mais jovens. Em nossa cultura, infelizmente, o idoso não é respeitado e suas potencialidades e saber não são aproveitados, de modo que aqui percebemos claramente a interação dos fatores socioculturais com os mentais. Existe ainda o fator biológico: em alguns indivíduos, pode ocorrer prejuízo nas funções cerebrais, como memória e raciocínio, além de doenças graves ou crônicas, que trazem sofrimento e diminuem a vontade de viver, principalmente se o idoso for considerado uma carga pela família. Em alguns casos, quando a pessoa sabe que sofre de uma moléstia incurável, a qual só lhe trará sofrimento, ela pode praticar uma espécie de autoeutanásia, chamada de suicídio racional, isto é, o indivíduo se mata e seus argumentos para tal são solidamente racionais. Mas isso nem sempre ocorre, e devemos diferenciar eventuais argumentos racionais de sua contaminação afetiva.

Suicídios por fracasso

Outro bom exemplo da interação entre fatores sociais e individuais se dá nos chamados suicídios por "fracasso". Viver em uma sociedade narcísica como a nossa, que valoriza o sucesso, é um fator importante para esses comportamentos.

Quando se trata de pessoas de estratos sociais mais pobres, os fracassos reais, cuja responsabilidade é da sociedade – como o desemprego, as dificuldades financeiras, a falta de perspectivas –, levam à desesperança, que se acentuará se o indivíduo tiver as características que descreverei mais adiante.

Quando se trata de pessoas de estratos mais ricos, é muito provável que a competição desenfreada, a necessidade de *status* e poder, o estímulo ao consumismo etc. façam com que elas passem a viver numa roda-viva, em que querem cada vez mais e, ao mesmo tempo, se martirizam por se compararem às outras. Surgem, então, as tão conhecidas figuras do tipo "vencedor", isto é, aquele indivíduo ambicioso, com grande capacidade de trabalho e de adaptação às circunstâncias, que usa qualquer meio, ético ou não, para adquirir mais poder, prestígio e dinheiro. Muitas empresas estimulam a competição entre seus funcionários, reproduzindo em grau menor o que ocorre na sociedade.

Dentro desses padrões culturais, o indivíduo deve ter o que se chama "coluna flexível": ser capaz de aceitar humilhações, subornar, ceder interesseiramente, corromper e ser corrompido, trair um eventual amigo, ser desonesto e lidar à vontade com falcatruas, conforme seus interesses momentâneos. Enfim, deve ser esperto e safado, num padrão muito em voga nos países corruptos.

Nessa "selva", algumas pessoas com "colunas pouco flexíveis" e grande sensibilidade ao fracasso, vivido com vergonha e desesperança, tenderão a fracassar. Refiro-me a pessoas que internalizam determinadas normas culturais de seu ambiente – por exemplo, que se opõem à desonestidade –, mas, ao mesmo tempo, são inábeis em mudar de metas e papéis; são indivíduos rígidos e ao mesmo tempo ambiciosos, características contraditórias para que se tornem "vencedores".

Diante de fracassos, reais ou imaginários, essas pessoas entram em depressão, um quadro que pode ser denominado depressão narcísica. Em geral, elas não têm consciência de seu estado e, por isso, raramente procuram ajuda profissional.

Um adendo sobre os "vencedores". A competição, a necessidade de superar os rivais em prestígio e poder, é fruto de conflitos emocionais e, evidentemente, há sempre o risco de não se sair "vencedor", de que a "derrota" ocorra. O desgaste é grande, e muitos desses "competidores" terminam estafados, estressados, quando não sofrem um infarto do miocárdio ou outras doenças autodestrutivas, psicossomáticas.

Alguns "vencedores", quando atingem o auge, entram em depressão, a "depressão do sucesso", porque, não havendo mais nada para se conseguir, sobra o tédio, a monotonia, a tristeza. Outros entram em decadência, porque não conseguem mais acompanhar as rápidas mudanças, por sua idade, ou porque passam a enfrentar novos competidores, jovens e vigorosos, de modo que acabam com depressão por fracasso.

Se o fracasso for sentido como humilhante, insuportável, o suicídio pode parecer uma saída. Devemos lembrar, por outro lado, que esses indivíduos viveram principalmente em função de suas ambições e seus trabalhos, de modo que seus laços familiares e afetivos são muito frágeis. Assim, quando fracassam, se percebem sozinhos, pois suas relações eram apenas o resultado do aproveitamento do seu *status* por outras pessoas gananciosas.

O leitor pode prestar atenção em políticos ou pessoas muito poderosas quando perdem esse poder: se suas características corresponderem às que acabo de descrever, eles envelhecerão rapidamente, adoecerão com facilidade e morrerão pouco depois. É como se não tivessem mais por que viver, suicidando-se inconscientemente ou, em alguns casos, de forma intencional.

Evidentemente, as linhas anteriores constituem uma caricatura do que se entende por "sucesso" em nossa sociedade. As pessoas devem usar seus recursos e sua potência criativa para se desenvolverem e se sentirem felizes. A questão é saber o que é essa felicidade: algo que depende de *status* e prestígio social, ou algo que vem de dentro, que faz com que a pessoa se sinta realizada por si mesma, sem trair seus princípios e sendo coerente consigo mesma. Este é o verdadeiro sucesso, e ele se amplia se o indivíduo serve como exemplo para sua família, para a comunidade em que vive e, por extensão, para a humanidade como um todo.

84 SUICÍDIOS POR FRACASSO

Com muita frequência, conhecendo-se melhor os "vencedores" narcísicos, verifica-se que eles tiveram que construir uma fachada para encobrir sua carência, insegurança e vazio afetivos. A ajuda emocional permite que essa fachada seja desfeita, de modo que o indivíduo possa descobrir como viver com seus próprios recursos e limitações humanas, sendo ele mesmo, e não o que imagina que "os outros" esperam dele.

Epidemiologia e intencionalidade dos atos suicidas

Passemos agora ao estudo das estatísticas dos atos suicidas. É difícil precisar quantas pessoas se matam ou tentam se matar. O número de suicídios que consta das estatísticas oficiais é extraído das causas de morte assinaladas nos atestados de óbito, mas esses atestados nem sempre são confiáveis: a família e a própria sociedade comumente pressionam para que a causa seja falsificada, o que ocorre inclusive em países desenvolvidos.[1]

Além disso, uma grande proporção de suicídios é confundida com acidentes – possivelmente um quarto dos acidentes automobilísticos teria alguma intenção suicida e cerca de metade dos

---

[1] Os números citados neste e em outros capítulos provêm da Organização Mundial da Saúde (http://www.who.int/mental_health/prevention/suicide/suicideprevent/en/), do Ministério de Saúde do Brasil (http://seriesestatisticas.ibge.gov.br/series.aspx?vcodigo=MS11) e de trabalhos citados em minha tese de doutoramento, *Jovens que tentam suicídio*, defendida na Universidade de Campinas (http://repositorio.unicamp.br/jspui/handle/REPOSIP/311658).

suicídios reais seria rotulada como acidente. Envenenamentos acidentais, principalmente em crianças, e acidentes com produtos tóxicos podem ser suicídios. Existem ainda os homicídios precipitados pela vítima, cuja frequência não entrará nas estatísticas de suicídio.

Outro fator complicador é que não temos meios para identificar os suicídios inconscientes na comunidade, nos quais se inclui a maioria dos acidentes e doenças. Mesmo quando há fortes indícios de comportamento suicida, o caso não aparece nas estatísticas. Por exemplo, se um diabético morre depois de se recusar a tomar seus medicamentos, ou se esquecer deles, ou ainda tomá-los errado por "engano", em seu atestado de óbito é impossível que conste como causa de morte o suicídio.

A despeito dessas críticas às estatísticas oficiais, existe uma tendência em cada país ou região de que as taxas permaneçam mais ou menos constantes ao longo do tempo. Por isso, é possível identificar grupos de países com taxas de suicídio altas, médias ou baixas. Os motivos que levam um país a pertencer a um ou outro grupo dependem de complexos fatores socioculturais, nem sempre claros. Mudanças de regime político, por exemplo, parecem não afetar as taxas. Já fases de depressão econômica as aumentam um pouco, como ocorreu na década de 1930 nos Estados Unidos. Guerras fazem as taxas declinarem pelos mais variados motivos: creio que muitos suicidas potenciais acabam por dar vazão a seus desejos na própria guerra, de modo que acabam morrendo por outras causas, ou ainda é possível que a desgraça comum faça com que as pessoas mobilizem suas pulsões de vida. Em campos de concentração, em que as taxas de suicídio eram também estranhamente baixas, talvez ocorresse o mesmo.

No início do século XXI, os países com as maiores taxas de suicídio eram os da Europa Oriental (Rússia, Bulgária, Lituânia, Ucrânia, Estônia, Hungria, Áustria), com mais de 25 suicídios a cada 100 mil habitantes por ano. Nos últimos anos, as taxas desses países declinaram, ainda que continuem bastante altas. Possivelmente, a maior precisão nos registros fez com que outros países figurassem com as maiores taxas, como Cazaquistão, Nepal, Tanzânia, Moçambique, Sri Lanka, as duas Coreias, Zimbábue e Guiana, com taxas anuais de 25 a 45 suicídios a cada 100 mil habitantes. Taxas consideradas médias (de 10 a 20 suicídios a cada 100 mil habitantes) são encontradas em: Canadá, Hong Kong, Dinamarca, Alemanha, Estados Unidos, Uruguai, Chile, Cuba, Finlândia e França. Taxas baixas, isto é, com menos de dez suicídios a cada 100 mil habitantes, são encontradas nos países europeus mediterrâneos, como Portugal, Espanha, Itália, Grécia e Chipre, além de Reino Unido, Israel, Holanda, Nova Zelândia e a maioria dos países da América Latina, como Colômbia, Venezuela, Peru e Paraguai. Não existe relação clara entre essas taxas e a riqueza dos países ou seu nível cultural médio, o que indica a complexidade dos fatores que as influenciam.

O Brasil pertence aos países com taxas baixas – em torno de seis suicídios a cada 100 mil habitantes por ano –, mas, conforme apontamos anteriormente, essas taxas estão subestimadas. A distribuição geográfica mostra maiores taxas nos estados do Sul, talvez motivadas por fatores culturais frutos da maior quantidade, nessa região, de migrantes provindos da Europa Central.

Proporcionalmente, as maiores taxas de suicídio se encontram entre pessoas mais velhas, mas o número de jovens suicidas vem aumentando progressivamente. Quanto ao sexo, são mais comuns entre homens, numa proporção de dois a três homens para cada mulher, mas há uma tendência de aumento no número de mulheres, principalmente jovens. No Brasil, os suicídios constituem a terceira maior causa de morte entre jovens. As duas primeiras são os homicídios e os acidentes de trânsito, mas devemos lembrar que ambas envolvem, também, componentes autodestrutivos. As taxas de homicídio têm aumentado cada vez mais e são maiores nos estados do Nordeste. Os maiores atingidos são jovens pobres e negros, mostrando uma clara influência de aspectos socioeconômicos.

Os métodos usados para cometer suicídio têm também um componente cultural. Por exemplo, na Escandinávia e no Japão, os homens preferem o enforcamento. No município de São Paulo, entre os homens predomina a arma de fogo, seguida do enforcamento e da precipitação de lugares elevados, enquanto entre as mulheres predomina o envenenamento, seguido de precipitação de lugares altos.

Quanto às tentativas de suicídio, as estatísticas são ainda mais falhas. As oficiais têm valor relativo, pois são registrados apenas casos que demandam inquérito policial e são socorridos em hospitais públicos de grandes cidades. A partir desses levantamentos, encontra-se uma taxa aproximada de dez a cada 100 mil habitantes por ano em todo o país. Em Campinas (SP), a taxa aumenta para trinta a cada 100 mil habitantes. No entanto, ainda em Campinas, pesquisando os hospitais que socorreram pessoas que tentaram o suicídio e visitando-as em seu domicílio, chegamos a taxas de 150 a 160 a cada 100 mil habitantes, o que equivale a 1,5 tentativa a cada mil habitantes, ou aproximadamente 1.500 tentativas de suicídio ao ano. Se as taxas forem semelhantes em São Paulo, cidade com 12 milhões de habitantes, teremos 18 mil tentativas por ano, o que corresponde a 49 por dia. São taxas altas, similares às dos países com taxas mais fidedignas, e indicam um problema de saúde pública.

Ao contrário da população que comete suicídio, em que predominam homens em idades mais avançadas, a população que tenta suicídio e não morre é predominantemente jovem – 75% são adolescentes e adultos jovens – e feminina – de duas a três mulheres para cada homem. Diferentemente dos casos de suicídio, o método predominante nas tentativas de suicídio é a ingestão de substâncias químicas, como medicamentos e produtos de limpeza.

Esses dados nos mostram que o suicídio e a tentativa de suicídio ocorrem em populações com características diversas e possuem diferentes motivações psicológicas e sociais. Os suicidas que morrem geralmente usam métodos mais violentos, a intensidade e a gravidade de seus conflitos são maiores, eles são mais isolados e têm dificuldades em fazer contatos sociais. As pessoas que tentam suicídio e não morrem têm mais facilidade em se relacionar com os outros, e o ato suicida muitas vezes pode ser entendido como uma forma de comunicação com o ambiente, como um pedido de ajuda. As fantasias das pessoas que tentam suicídio e não morrem não devem ser muito diferentes daquelas que de fato cometem o suicídio, mas há indícios de que, no primeiro caso, a cobrança e a agressão ao ambiente estão mais conscientes. De fato, em muitos casos, o que define se o indivíduo será incluído no grupo suicida ou no grupo dos que tentaram e não morreram são circunstâncias fortuitas, como características ambientais que permitiram a descoberta do ato antes que ele se efetivasse e facilidades e tipo de socorro médico. No entanto, verifica-se que os suicidas geralmente se isolam de modo a não serem descobertos, enquanto aqueles que tentam e não morrem geralmente fazem o ato impulsivamente, sem muito preparo, o que facilita o socorro. Na maioria dos casos de suicídio, a ideia já vinha sendo ruminada há algum tempo: o ato é planejado, em grau maior ou menor.

Essas reflexões nos levam a outra questão: a intencionalidade do ato suicida. Em outras palavras, quando a pessoa tenta se matar, quanto de intenção de morrer existe? Creio que, em todos os casos, o indivíduo está em conflito: deseja morrer e viver ao mesmo tempo, e a intensidade desse desejo dependerá não só da pessoa, mas do momento. É possível que, quanto maior a intencionalidade de morrer, maior a intensidade letal do método usado ou das precauções tomadas contra a descoberta. No entanto, nem sempre essa relação se faz presente: pessoas com baixa intencionalidade podem usar métodos altamente perigosos, às vezes por desinformação. O caso de Maria é um bom exemplo: ela foi salva quase milagrosamente, após passar por uma diálise renal por ter ingerido defensivos agrícolas, e me contou que, "no fundo", só queria dar um susto no marido, com quem brigara. Acreditava que o produto só matasse "bicho sem osso". De todo modo, um estudo mais detalhado mostrou que, ainda "mais no fundo", existiam impulsos suicidas.

Pode também acontecer de pessoas com alta intencionalidade suicida correrem baixo risco de vida. Mário, por exemplo, tomou quarenta comprimidos, misturando vários medicamentos que encontrou à mão, principalmente analgésicos e vitaminas, e embebedou-se com gim e vodca, de modo que teve uma intoxicação alcoólica sem risco algum de vida. No entanto, ele estava com uma grave depressão e precisou de ajuda psiquiátrica intensiva para melhorar.

Devemos lembrar que o uso de álcool e outras drogas, que já tem um componente autodestrutivo, pode impedir que a pessoa se dê conta do que está fazendo, o que explica por que as overdoses, infelizmente tão comuns, têm matado tantas pessoas. O suposto charme das drogas, fruto da identificação dos jovens com artistas e famosos que as usam, torna-as ainda mais perigosas. Sabemos, por outro lado, que o tráfico de drogas envolve mecanismos criminosos altamente sofisticados, como assassinatos e corrupção de autoridades governamentais, além de uma intensa propaganda subliminar – em redes sociais, novelas, filmes etc.

Em suma: a maneira como o indivíduo tenta se matar ou as precauções que toma para não ser (ou ser) socorrido nem sempre têm relação com a intensidade do desejo de morrer. E, mesmo que o desejo de morrer não seja acentuado, o ato suicida é uma mensagem, um pedido que o indivíduo faz à sua família e à sociedade, para que seja ajudado. Como vimos antes, esse pedido muitas vezes tem características agressivas e, por isso, pode não ser atendido.

De fato, a maioria das pessoas que se mata ou tenta se matar comunica esse desejo, de alguma forma, a seu ambiente, que raramente o percebe. Frases como "não tenho mais gosto pela vida", "preferia morrer a continuar assim", "o que vai ser de vocês se eu morrer" ou avisos mais diretos são comuns. Grande parte desses indivíduos procura ajuda religiosa ou dirige-se ao médico com queixas vagas de caráter somático, de modo que este lhe prescreverá drogas inócuas ou pedirá exames que não mostrarão qualquer alteração. Muitos profissionais de saúde têm dificuldade em diagnosticar processos depressivos ou perceber o valor de conflitos psicológicos, e o paciente quase nunca fala que está pensando em suicídio; no entanto, se o profissional indagar, o paciente se desinibirá e acabará contando. Mesmo profissionais da área de saúde mental podem se enganar se o paciente for muito dissimulado. Desse modo, tanto médicos como psicólogos, religiosos, assistentes sociais, enfermeiros, juízes, policiais, professores e quaisquer profissionais que lidem com pessoas devem ser treinados para valorizar os aspectos emocionais.

A tentativa de suicídio comumente é repetida se a sociedade não ajuda o indivíduo. Haveria uma nova tentativa em 15% dos casos num período de doze meses, que chegaria a 25% em 3 anos, sendo que esses números aumentam entre os jovens.

Os indivíduos que tentam suicídio e não morrem correm maior risco de morrer na nova tentativa. Estudos de seguimento mostraram que de 1,4% a 13% dos indivíduos que tentaram o suicídio se mataram entre um e doze anos depois. Em geral, acompanhando-se os que tentaram se matar por períodos inferiores a cinco anos, 5% ou menos se matam; se o seguimento é mais prolongado, a proporção chega a 10%. Além disso, a chance de suicídio aumenta quando há mais de uma tentativa anterior.

Em Campinas, entrevistando jovens aparentemente sem problemas, em seus domicílios, verificamos que 12% já haviam tentado suicídio e outros 12% já haviam pensado seriamente em fazê-lo. Mais da metade desses jovens não foi socorrida em hospitais, em razão da pouca gravidade médica. Esses dados confirmam que a ideia suicida é comum nos adolescentes, e é possível que sirva também como um mecanismo de enfrentamento da morte, como uma forma de tentar compreender e elaborar as ideias sobre a morte. Nesse contexto, as ideias suicidas, se superadas naturalmente, podem ser consideradas normais na adolescência. Mas, se essas ideias persistirem, é importante que se faça uma avaliação do estado emocional do jovem, pois podem levar ao ato suicida.

Uma pergunta que se impõe é por que os suicídios são predominantemente cometidos por homens, enquanto as tentativas sem morte são, em geral, de mulheres jovens. Existem algumas explicações possíveis: 1) os homens usam meios mais violentos; 2) as mulheres, em nossa cultura, são encorajadas a não expressarem a sua agressividade, de modo que os impulsos reprimidos podem irromper com mais facilidade num ato autoagressivo; 3) existe uma maior coação da sociedade contra determinados aspectos da mulher (por exemplo, rotula-se mais facilmente uma moça como promíscua que um homem, ou condena-se mais uma moça que brigue ou desobedeça a seus pais que um rapaz na mesma situação), assim, a mulher sofreria mais as sanções da sociedade, o que acarretaria mais culpa e necessidade de castigo, às vezes autocastigo – essa necessidade de punição tem origens mais precoces, como introjeção de normas culturais, e facilita os conflitos intrapsíquicos; 4) a tentativa de suicídio por uma mulher é vista com mais tolerância: no caso dos homens, a chance de essa tentativa ser estigmatizada como um ato de fraqueza e covardia é maior, o que desencorajaria seu uso quando o desejo de morte não é muito forte; 5) em nossa cultura, traços que facilitam a dramatização de conflitos são mais comuns no sexo feminino.

Devemos considerar, porém, que todas essas tentativas de explicação são parciais, deixam muito a desejar, e algumas são discutíveis. Em meus estudos, tenho encontrado outras características entre as mulheres que tentam o suicídio: em geral, elas são muito dependentes e demonstram uma grande necessidade de alguém que as guie e apoie. Esse apoio é procurado, quase sempre, em pessoas do sexo masculino, namorados ou maridos, a quem se submetem emocional e socialmente e de quem dependem de modo quase infantil. A ameaça de perda – real ou imaginária – do parceiro faz com que elas se sintam desesperadas, como se fossem perder uma parte de si mesmas, como se fossem crianças totalmente desamparadas diante da morte da mãe. As tentativas de suicídio (que às vezes dão certo) são o resultado de fantasias de reconquista, de agressão ao parceiro, de reencontro com pessoas mortas queridas e principalmente de um retorno a uma vida intrauterina, a um seio materno. Entre os fatores socioculturais e psicológicos envolvidos nessa estruturação de personalidade, vemos uma possível dificuldade das mães em proporcionar uma maior autonomia a seus bebês do sexo feminino.

Ultimamente, tenho notado cada vez mais homens com essas mesmas características, mas neles predomina a heteroagressividade: diante da carência, manifestam sua possessividade e seu ciúme maltratando a parceira – é o caso de muitos crimes passionais. Parece haver uma tendência entre os homens de agredir os outros nas mesmas circunstâncias que levariam mulheres a se autoagredir. Com a menor diferenciação entre os papéis masculinos e femininos em nossa sociedade, veremos cada vez mais homens tentando suicídio e mulheres violentas, homicidas.

Fatores sociodemográficos nos atos suicidas

O leitor talvez já tenha percebido como é difícil compreender globalmente os atos autodestrutivos. São dezenas de variáveis que se interpenetram, interferindo umas nas outras de maneiras diferentes a depender do indivíduo. Não podemos, portanto, explicar os atos a partir de variáveis isoladas: ninguém se mata só porque brigou com o marido ou a esposa ou porque perdeu o emprego. Esses fatos contribuem, mas são o elo final de uma longa rede de fenômenos e têm uma importância limitada. Estudos mostrando associações estatísticas entre atos suicidas e variáveis sociais e demográficas, comuns dentro da sociologia e da psicologia social, além de serem curiosos, podem nos dar pistas importantes. No entanto, eles também não devem ser muito valorizados, pois a rede causal é sempre bem mais complexa do que pode parecer à primeira vista.

Por exemplo, no âmbito da religião, há indícios de que católicos se matam menos que protestantes, em razão das características das duas religiões. É muito possível que isso ocorra, mas faltam estudos que mostrem a real influência da religiosidade sobre o suicídio. Analisando o perfil de jovens que tentaram suicídio, verifiquei que, comparados a grupos-controle, eles tendiam a não ter religião ou não a praticavam.

Quanto ao nível socioeconômico, os trabalhos são controversos. Há quem acredite que a pobreza protege o indivíduo contra o suicídio e há quem pense o inverso. Em Campinas, estudando tentativas socorridas em hospitais, percebi que elas se distribuíam proporcionalmente pelos vários estratos econômicos, embora seja possível que os dados estejam subestimados para os estratos mais ricos (que não procuram hospitais públicos) e também para os mais pobres (pela inacessibilidade da atenção médica).

Em épocas de depressão econômica, o número de suicídios entre adultos, quer intencionais ou subintencionais, tende a aumentar. Em nosso meio, ultimamente, em virtude da recessão econômica, tenho encontrado cada vez mais casos de desestruturação familiar nas classes humildes, com consequentes tentativas de suicídio intencional ou subintencional: o homem subempregado ou desempregado que não consegue mais sustentar sua família deprime-se, às vezes se torna alcoólatra, abandona o lar e torna-se mais vulnerável a doenças e acidentes, ou tenta suicídio intencionalmente. Além disso, a desestruturação familiar na infância predispõe tanto a criança quanto o futuro adulto a uma maior incidência de problemas emocionais: muitos suicidas provêm de lares desagregados, e a pobreza facilita essa desagregação. No entanto, há de se considerar que a riqueza não impede uma família de ser desestruturada: amor e bens materiais não têm, necessariamente, relação, e o amor pode fazer com que uma família pobre supere suas dificuldades financeiras.

Parece haver um maior número de suicídios entre médicos e dentistas que entre outros profissionais, talvez em função da facilidade de acesso a métodos letais, mas os dados são imprecisos: a depender do país, o número pode ser maior entre jornalistas, por exemplo. Um estilo de vida com maiores tensões emocionais poderia incitar o ato, mas temos de lembrar que, geralmente, quem escolhe profissões como essas já tem determinadas características que podem facilmente levar à culpa e ao desejo de autopunição, como rigidez e perfeccionismo. Também artistas ou outros profissionais com traços de personalidade que exigem muita aprovação e reconhecimento podem ficar deprimidos com o fracasso e a decadência, a ponto de optarem pela morte, mesmo que de modo inconsciente. Em determinados meios profissionais, o uso intenso de drogas tem facilitado as mortes "acidentais" e os suicídios por overdose.

Estudos epidemiológicos mostram que as zonas das cidades com maior índice de suicídios são aquelas de transição, de maior desorganização social e maior promiscuidade, geralmente cortiços, pensões e hotéis baratos, e onde há as maiores taxas de alcoolismo, toxicomania, delinquência e mobilidade populacional. Não creio que o local de moradia seja um fator causal, mas que pessoas com características destrutivas, exacerbadas por fatores sociais, acabam por concentrar-se justamente em locais como esses. Lembremos que alcoolismo, toxicomania e delinquência são também comportamentos autodestrutivos. Por exemplo, Íris tentou se matar pela segunda vez misturando cocaína, álcool e medicamentos. Vive na zona de prostituição e mostra já sinais de comprometimento mental. Abandonou a família porque engravidou, sendo então aliciada pela "zona", onde se sente muito bem: recebe o amor da "tia" (a dona do prostíbulo), que "cuida dela quando fica doente", e de namorados eventuais. Não tem consciência ou lembrança de sua tentativa de suicídio, mas suas companheiras me contaram que ultimamente ela tem chorado muito, fala em morrer e anda muito "esquisita". Íris provavelmente já tinha problemas mentais sérios ainda antes de sair de casa, que não foram tratados. Graças à sua tentativa de suicídio, conseguiu ajuda psiquiátrica, mesmo que tardia.

Quanto ao estado civil, as estatísticas mostram que pessoas casadas adultas têm menor probabilidade de se suicidar. Em solteiros, viúvos e separados, a chance aumenta. Acredito que isso se deva ao fato de que pessoas com tendências autodestrutivas sofram conflitos que dificultem sua ligação com companheiros. Por outro lado, o casamento pode proteger o indivíduo contra essas tendências, já que proporciona cuidados e menores chances de solidão.

Já entre os jovens, adolescentes casados tendem mais ao suicídio que os solteiros. Em muitos casos, verifiquei que esses casamentos eram efetuados após uma gravidez indesejada; o casal era imaturo e estava despreparado para a responsabilidade. Outras vezes, a união era uma tentativa de encontrar um apoio – que acabou por ser insuficiente – para suprir necessidades inconscientes e conflitivas.

Com relação a migrações, as taxas de suicídio são maiores entre imigrantes e refugiados, principalmente naqueles de condições econômicas ruins. Parece que, entre os migrantes, o grupo mais exposto é o de pessoas que foram obrigadas a partir. Os que partem por vontade própria tendem a preservar mais sua cultura, mas sempre há necessidade de adaptação a novas situações e obrigações, o que pode desencadear episódios melancólicos em pessoas predispostas à depressão.

Nicanor veio do Nordeste e conseguiu adquirir um sítio no interior de São Paulo. Sentia saudades de sua terra, mas tinha muitos amigos e se sentia feliz. Aos poucos, percebeu que não conseguiria manter sua propriedade e a vendeu a latifundiários que plantavam cana-de-açúcar e que acabaram com as propriedades de subsistência. Nicanor, como muitos outros, transformou-se num boia-fria, até que resolveu se mudar para a cidade. Conseguiu emprego numa fábrica, mas sentia-se extremamente ansioso fechado entre paredes, tendo de cumprir horários rígidos. Tinha saudades da liberdade do campo, que logo se transformou em uma saudade doentia do Nordeste. A volta para sua terra passou a ser uma obsessão. Ele começou a ter dificuldades para engolir, o médico da fábrica suspeitou da origem emocional do problema e o encaminhou para tratamento. Nicanor apresentou-se magro e melancólico, num processo autodestrutivo de suicídio inconsciente, e com fantasias suicidas conscientes.

Tive oportunidade de verificar, em alguns casos, que as migrações não eram a causa, mas a consequência de conflitos emocionais, os quais faziam o indivíduo procurar, no meio externo, satisfação para necessidades conflitivas internas. Marília, por exemplo, deixou sua família no interior paulista porque "não aguentava" os valores de seus pais e foi para São Paulo. Lá, não se adaptou ao trabalho e mudou-se para o Rio de Janeiro, onde teve problemas na faculdade e brigou com seu namorado. Desiludida, voltou a São Paulo, onde passou a viver com Mário, mas logo teve atritos com ele e foi morar com a tia em Campinas. Tentou suicídio porque a tia "não a entendia" e a criticava demais. Marília tem conflitos intensos e precisa mergulhar dentro de si para se conhecer. Quando percebeu que suas procuras e fugas de um lugar para o outro não resolviam seus problemas, tentou escapar, na tentativa de suicídio, para "outro mundo", mais tranquilo e menos frustrante.

Os atos suicidas também podem ser influenciados pela escola, o que é evidente em alguns países, como Alemanha e Japão, em

100 FATORES SOCIODEMOGRÁFICOS NOS ATOS SUICIDAS

que o fracasso escolar é visto como algo vergonhoso. A incidência de suicídios e tentativas é alarmante em épocas de resultados de exames e mudanças de grau, como o vestibular. Existe também maior incidência de suicídios nas universidades tradicionais (Oxford, Cambridge, Harvard): além das exigências acadêmicas, é provável que os critérios muito elevados de seleção facilitem a entrada de pessoas com problemas emocionais, que tentam suprir nos estudos suas dificuldades afetivas. No Brasil, encontramos essas características em alguns estudantes de medicina, e talvez o mesmo ocorra com muitos profissionais de sucesso econômico ou científico, mas com uma vida afetiva pobre, que sejam mais predispostos a crises emocionais.

Quanto à etnia, estudos norte-americanos mostram maiores taxas de suicídio entre negros e porto-riquenhos, embora os autores, em geral, acreditem que isso se deva mais a fatores de desorganização social, de que são vítimas, que a fatores étnicos. Há quem postule que grupos minoritários podem ter menor autoestima e, pelo fato de serem discriminados, um maior ódio reprimido. Também acredito que os fatores étnicos em si não são importantes e que a maior influência sobre as altas taxas de suicídio vem dos fatores associados, como a desagregação familiar. Entre os imigrantes japoneses mais velhos, em virtude de fatores culturais, a incidência de suicídio é maior que na população geral. Entre indígenas aculturados a incidência de suicídio também é maior, e possivelmente está relacionada a uma desestruturação cultural decorrente do contato com o branco. Entre os Guarani-Kaiowás da região de Dourados (MS), há vários anos vem se manifestando uma endemia de suicídio sem que os governantes tomem as providências necessárias, decorrente da desestruturação de suas culturas, da invasão de suas terras, do abandono de suas crenças, da influência deletéria de grupos cristãos e da fuga por meio do alcoolismo. O mesmo ocorre em outros grupos indígenas.

A relação dos atos suicidas com o uso do álcool é bem evidente. O alcoolismo já é uma morte crônica e, entre os alcoólatras, de 12% a 21% acabam por se suicidar intencionalmente. É comum também o indivíduo usar álcool ou estar alcoolizado durante o ato suicida: em Campinas, esse foi o caso de 25% dos jovens que tentaram suicídio. O mesmo deve ocorrer com relação ao uso de drogas, mas esses dados são de mais difícil obtenção.

Dados de Campinas, colhidos por mim, e de São Paulo mostraram que os suicidas preferem se matar às segundas-feiras, talvez porque os conflitos tornem difícil iniciar uma nova semana. Já as tentativas predominam aos sábados, pois no final de semana são mais comuns os atritos com pessoas emocionalmente importantes, que levam a atos impulsivos.

Os horários são variáveis: encontrei maior incidência entre fim da tarde e início da madrugada, com outro pico na hora do almoço, tanto entre suicidas como entre pessoas que tentaram se matar. Ao que parece, são as horas em que os indivíduos não têm outras atividades, o que exacerba problemas de relacionamento e solidão. No Brasil, não encontrei relação estatística entre a incidência de atos suicidas e os meses do ano.

Prevenção, família e direito de morrer

A prevenção ao suicídio implica todo tipo de ação que proporcione melhores condições de vida ao ser humano, com dignidade, oportunidades e recursos para desfrutá-la. Inclui-se aí o direito a alimentação, moradia, educação, trabalho e possibilidade de realização pessoal. Tudo isso depende mais da sociedade que do indivíduo – até mesmo a felicidade está relacionada ao fato de a pessoa se sentir útil para seu grupo social.

A importância dos primeiros anos de vida no desenvolvimento emocional é imensa e todos devem ter direito a uma família que forneça amor e figuras de identificação adequadas. Por vezes, há necessidade de famílias substitutas. A institucionalização de crianças e jovens é um caminho aberto para frustração, violência e carências afetivas, base de muitos transtornos emocionais.

Deve haver uma identificação precoce de problemas emocionais, aos quais todos estamos sujeitos, como depressão, ameaça

104 PREVENÇÃO, FAMÍLIA E DIREITO DE MORRER

de surto psicótico e outros que podem levar à drogadição e ao alcoolismo. A sociedade e os sistemas de saúde devem fornecer meios adequados para que essas pessoas possam ser tratadas.

Médicos, professores e todos os profissionais que lidam com seres humanos devem ser capazes de identificar ideias suicidas. Deve-se averiguar e questionar, cuidadosamente, quando nos defrontamos com pessoas desesperançadas, desesperadas, que parecem não ter mais vontade de viver; o mesmo com pessoas que pareçam estranhas, sentindo-se ameaçadas e perseguidas sem motivo. Também merecem atenção especial indivíduos que se frustram com facilidade e que agem impulsivamente quando as coisas não ocorrem conforme esperavam.

As tentativas de suicídio devem ser consideradas um pedido de ajuda e a pessoa deve ser encaminhada para avaliação por um profissional de saúde mental.

Algumas associações de auxílio, como o Centro de Valorização da Vida (CVV), têm uma vasta experiência no atendimento de pessoas em sofrimento, tanto por telefone quanto pessoalmente.

Quando um suicídio ocorre, o sofrimento dos familiares costuma ser imenso. Já vimos que o ato suicida contém um forte componente agressivo, e ele atingirá as pessoas próximas ao indivíduo com sentimentos de culpa por não o terem compreendido, por não terem percebido ou minimizado o risco. Os parentes do suicida se sentem responsáveis, culpados pelo ato. A possibilidade de um luto patológico, como já foi descrito, é grande.

É importante que a família e outras pessoas próximas ao suicida saibam que ninguém é onipotente e onisciente, que nem sempre é possível prever o ato e tomar medidas adequadas. Não raro, o próprio paciente, futuro suicida, provocou os sentimentos de desesperança e rejeição que seu ambiente tem por ele.

Quem perde alguém por suicídio deve poder contar com um local para desabafar e pensar no que ocorreu, para que não fique sobrecarregado por lutos de difícil elaboração, os quais, por vezes, degeneram em acusações entre os membros da família e na desagregação familiar. Quando isso acontece, quando o suicídio contagia a todos a ponto de a convivência familiar ser destruída, é necessário recorrer a um profissional de saúde mental.

Por fim, é importante falarmos aqui do direito ao suicídio. Trata-se de uma discussão antiga, sobre a qual diferentes escolas filosóficas têm se digladiado. Sou da opinião de que, na maioria das vezes, o indivíduo que acredita estar efetuando o ato suicida de livre arbítrio está enganado. Quase sempre, essa pessoa está sob a influência de conflitos inconscientes, e se eles forem descobertos ela será capaz de encontrar outras saídas para seus problemas. Eu, como todos os profissionais da área de saúde mental, tive dezenas de experiências com pessoas que queriam se matar, que a princípio me viam como inimigo, mas que, depois, demonstraram gratidão pelo tratamento, o qual evitou sua morte.

Há casos, porém, de mais difícil avaliação, que implicam atos de fundo ético, como greves de fome com finalidade política ou autoeutanásia. A discussão mais atual se refere a pessoas que sofrem de doenças graves, sem possibilidade de melhora, e que enfrentam um sofrimento intenso. Países como Holanda e Suíça já aceitam que essas pessoas tenham seu suicídio facilitado, após uma cuidadosa avaliação de suas condições de decidir por parte de equipes de saúde e judiciais. Trata-se de um assunto delicado, que merece muita reflexão, mas há uma tendência cada vez maior a se respeitar a autonomia do ser humano. Os progressos no desenvolvimento de cuidados paliativos, que proporcionam melhores condições de vida a pessoas com problemas graves, faz com que situações desse tipo tenham que ser avaliadas cuidadosamente. O mais importante é que a morte, seja qual for sua forma, seja digna, tão digna quanto merece ser a vida.

Indicações de leitura

Embora a literatura sobre o suicídio seja imensa, a maioria das obras é europeia ou norte-americana, sem tradução para o português. Os textos clássicos traduzidos são:

- *O Suicídio,* de Émile Durkheim, com tradução de Andrea Stahel M. da Silva (Edipro, 2013). É um dos mais importantes livros da sociologia, em que o autor propõe determinantes sociais como explicação para as taxas de suicídio, em especial o grau de integração das sociedades. Escrito em 1897, abriu o campo para pesquisas objetivas e, a despeito de ser criticado por sociólogos modernos, é uma literatura valiosa.

- *Eros e Tânatos: o homem contra si próprio*, de Karl Menninger, com tradução de Aydano Arruda (Ibrasa, 1970). O autor é um conhecido psicanalista norte-americano que leva até as últimas consequências os conceitos freudianos de pulsões de vida (Eros) e de morte (Tânatos), mostrando de forma clara sua interação nas condutas autodestrutivas. A despeito de ser um livro escrito por um especialista, é compreensível para aqueles não familiarizados com a psicanálise e de leitura agradável diante do grande número de exemplos que apresenta.

– *Suicídio e tentativa de suicídio*, de Erwin Stengel, com tradução de Álvaro de Figueiredo, publicado em Portugal (Dom Quixote, 1980). O autor é um dos principais estudiosos do assunto, e apresenta de maneira didática aspectos epidemiológicos, sociológicos, psicológicos e psiquiátricos sobre o suicídio. É uma obra das mais valiosas e consegue, em poucas páginas, dar uma visão ampla das facetas estudadas.

Mais recentemente, têm surgido ótimos livros de autores brasileiros, entre os quais encontramos os de Neury José Botega, professor titular da Universidade de Campinas (Unicamp), um dos mais conhecidos especialistas na área, cujos textos são indispensáveis para estudiosos do tema, profissionais de saúde e todas as pessoas que lidam com o suicídio e sua prevenção. São eles:

– *Comportamento suicida*, em colaboração com Blanca Guevara Werlang (Artmed, 2004).

– *Crise suicida: avaliação e manejo* (Artmed, 2015).

– *Telefonemas na crise: percursos e desafios na prevenção do suicídio*, em colaboração com Isabel Ugarte da Silveira e Marisa Lúcia Fabrício Mauro (ABP, 2010).

Outros textos valiosos são:

- *Suicídio: testemunhos de adeus*, de Maria Luiza Dias (Brasiliense, 1991).

- *Suicídio: fragmentos de psicoterapia existencial*, de Valdemar Augusto Angerami-Camon (Pioneira, 1997).

- *O suicídio e sua prevenção*, de José Manoel Bertolote (Editora Unesp, 2012).

- *Tentativa de suicídio: um prisma para compreensão da adolescência*, de Enio Resmini (Revinter, 2004).

Quem tem curiosidade sobre suicídios de pessoas famosas pode ler o *Dicionário de suicidas ilustres,* de J. Toledo (Record, 1999). Tive o prazer de escrever a introdução a esse livro, na qual abordo aspectos peculiares relativos às pessoas estudadas.

Aspectos históricos sobre o suicídio podem ser encontrados no livro *História do suicídio*, de Georges Minois, publicado em Portugal (Teorema, 1998).

Cito ainda meu livro *Do suicídio: estudos brasileiros* (Papirus, 1991), que está esgotado, mas pode ser encontrado em sites da internet e em sebos.

Minha tese de doutoramento, *Jovens que tentam suicídio,* pode ser encontrada em http://repositorio.unicamp.br/jspui/handle/REPOSIP/311658.

Finalmente, devo citar o livro clássico argentino do psicanalista Ángel Garma, *Sadismo y masoquismo en la conducta humana*

110 INDICAÇÕES DE LEITURA

(Nova, 1943). Vários aspectos estudados neste livro sobre o suicídio em outras culturas foram baseados nos relatos desse autor.

Na internet, um site interessante e esclarecedor é o da Associação Brasileira de Estudos e Prevenção do Suicídio, www.abeps.org.br. Nele, encontram-se textos valiosos e uma agenda de eventos a serem realizados no país sobre estudos do suicídio, além de referências sobre instituições que estudam e trabalham com o tema.

Recomendo também o site www.who.int/topics/suicide/en/, da Organização Mundial da Saúde, em que se encontram textos atualizados, em inglês, sobre a prevenção do suicídio.

Outros sites recomendados: Centro de Valorização da Vida (cvv.org.br), Rede Brasileira de Prevenção do Suicídio (www.rebraps.com.br), Pravida – Projeto de Apoio à Vida (redeapi.org.br) e International Association for Suicide Prevention (iasp.info).

Sobre o autor

Nasci em Temuco, onde viveram os poetas Gabriela Mistral e Pablo Neruda, no Chile. Aos 8 anos de idade já estava em São Paulo, e desde então sou realmente brasileiro, naturalizado. Aos 23, a Escola Paulista de Medicina me diplomou como médico, um ótimo técnico em diagnóstico e tratamento de doenças, mas quase sem nenhum conhecimento sobre doentes. No ano seguinte, já era professor de Medicina Preventiva na Universidade de Campinas (Unicamp), e, depois de uma pós-graduação na Faculdade de Saúde Pública da Universidade de São Paulo (USP), tornei-me um razoável técnico sanitarista e especialista em Medicina Social. Mas ainda sabia muito pouco sobre as pessoas. Fui um dos implantadores do Programa de Comunidade da Faculdade de Ciências Médicas da Unicamp e primeiro chefe de seu Centro de Saúde-Escola. Lá, tomei contato íntimo com equipes de saúde dedicadas, mas também conheci a burocracia. Corri o risco de me tornar um especialista em relatórios.

Graças à psicanálise, comecei a compreender um pouco o ser humano, que é bem diferente do que os tecnocratas – incluindo profissionais da saúde, do direito, da economia e de outras áreas – pensavam. Passei a tentar aplicar esse conhecimento não só à psiquiatria e à medicina, mas também aos trabalhos de comunidade e ao ensino médico.

Já especialista em psiquiatria, transferi-me para o Departamento de Psicologia Médica e Psiquiatria da Unicamp, onde me tornei professor titular. Sou também psicanalista, tendo concluído minha formação na Sociedade Brasileira de Psicanálise de São Paulo (SBPSP), da qual sou membro efetivo e analista didata. Sou também membro e didata do Grupo de Estudos Psicanalíticos de Campinas.

Atualmente, tanto nas instituições de ensino quanto na prática privada, dedico-me principalmente à psicanálise, o que me dá um imenso prazer, pois, com a ajuda de meus alunos e pacientes, cada vez me conheço mais, ainda que as áreas desconhecidas também aumentem.

Tenho o hábito de denunciar tudo aquilo que nos desumaniza, o que parece fazer de mim uma pessoa não muito agradável. Depois de todos esses anos, continuo com essas características, possivelmente de forma mais madura. Tenho muitos amigos que constantemente me enriquecem com seu carinho e sua sabedoria. Alguns deles, generosamente, me ajudaram a pensar em certas ideias deste livro.

Terei o maior prazer em dialogar com meus leitores pelo e-mail roocassorla@gmail.com.